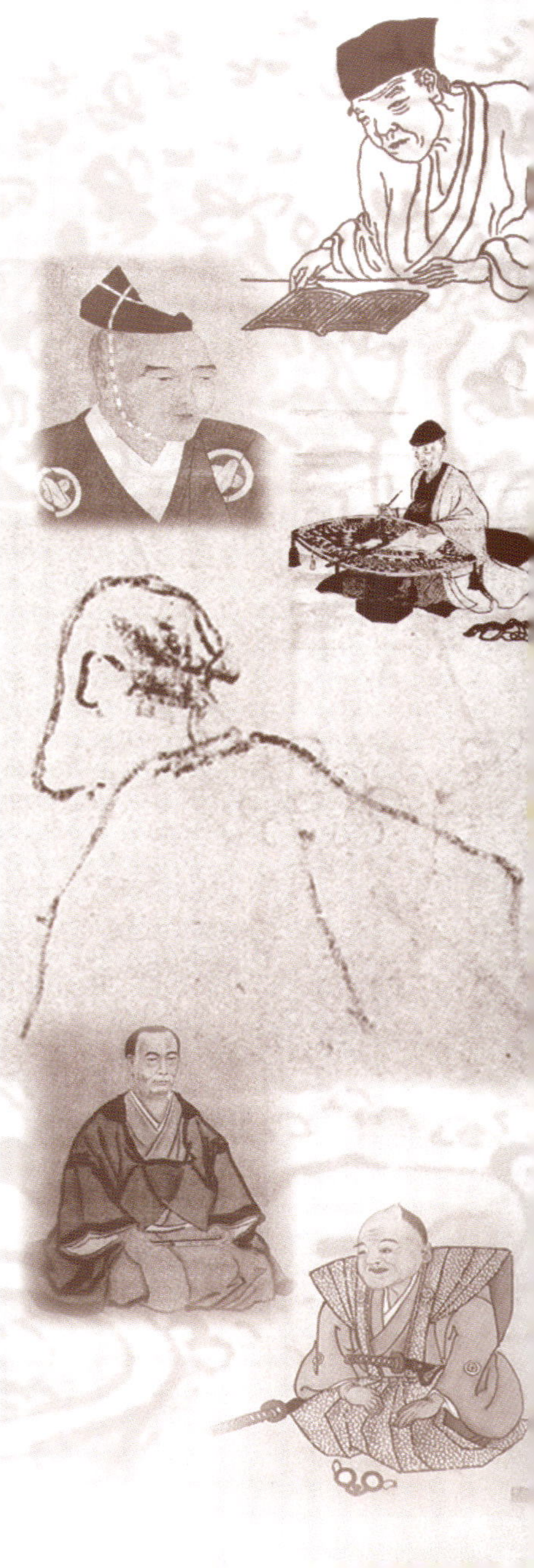

幕末泉州の文化サロン

—里井浮丘と京坂文化人—

北脇洋子
Kitawaki Yoko

「里井原徳喜寿祝図」歴史館いずみさの 蔵

幕末泉州の文化サロン

—里井浮丘と京坂文化人—

目次

三　京坂文化人との交わり　69

四　日根対山を世に出す　103

プロローグ

私が三十歳代の頃、勤務していた高校は大阪府の最南端にあり、駅から緩やかな坂を十分ほど登ったところで、振り返ると、海が見えた。府下で唯一海の見える高校であった。

学校の裏のため池には時々亀の親子が日向ぼっこをしていた。その周りには特産の玉ねぎ畑があり、収穫後には見捨てられた玉ねぎが残されていて、私はそれを拾って帰り、カレーなどに費った。

地歴部の顧問であった私は、部の生徒たちと夏休みの研修旅行のプランを練ったり、地元の歴史などを調べたりして、のんびりと過ごしていた。

江戸時代のこの辺りは譜代岸和田藩五万三千石の領地である。校門の前の国道を渡ると、すぐ七人庄屋脇田家の屋敷があった。近いのをよいことにして、二、三回古文書を見せてもらいに伺った。文化・文政期の万留帖、諸用日記など、村政関係のものを拝見していたら、夫人がお茶を出してくださった。

「何が書いてありますか」ときかれる。私はやっと読める程度なので困ったが、こういってごました。

「やはりお百姓なので、先ずお天気の心配ですね。行き倒れの人の始末なども書かれています」

「まあ、そうですか。この辺りは大阪と比べて民度が低いので、たいしたことも書かれていないでしょう」と続けていわれる。知的な感じのスラリとした方である。

私は学校の図書館にあった『泉佐野市史』に載っていた里井浮丘《ふきゅう》という人物に興味を抱いていたので思わずいった。

「民度が低いとおっしゃいますが、江戸時代の終りころに、里井浮丘さんという偉い文化人が佐野におられたらしいですよ」

「そうですか。そういえば聞いたことがあるような気がします。以前に泉佐野の山本昇平さんが市長をされているとき、泉佐野市史を出されましたけど、この方は里井さんの御子孫とうかがっていますわ。うちにも一冊いただきました」

里井浮丘なる人物について、現在は地元でもほとんどの人が知らないだろうが、天保から幕末の約三十四年間、文人、書家、画人のあいだに、書画の蒐集家として、また文人、画人のパトロンとして全国的に知られていたのである。しかし私の手元にある資料は、『泉佐野市史』（昭和三三年版）と泉佐野市教育委員会発行の『里井浮丘遺稿抄』（昭和四一年版）という九十ページほどの冊子だけである。前者は浮丘については六ページを割いているに過ぎない。

『里井浮丘遺稿抄』に山本前市長、里井由幾子両氏から資料の提供をうけたと記されていたので、数日して私は市役所に電話して、里井浮丘さんのことを調べたいので、両氏の電話番号を教えてほしいと申し込んだ。すぐに里井禎次郎氏と山本昇平氏の電話番号を教えてもらえたのは、今ほどプライバシーの保護が重視されていなかったことと、地元の高校教員であることが信用されたのかもしれない。

里井氏は南海電鉄沿線の河内長野市にお住まいだった。自宅も同じ電鉄沿線にあるので、地理的にはよく知っているエリアである。数日して里井氏に電話で取材の希望を告げると、日時の指示だけあって承諾を得た。里井貞次郎氏と山本昇平氏は従兄弟同士である。

私が初めて伺ったのは昭和四五年八月二六日、その日は夏休みの補充授業が始まって二日目であった。駅からはずっと坂道を歩いてきたので、とても暑かったのを覚えているが、里井氏のお宅はふすまやベランダのガラス戸などすべて空け放たれて風がよく通り、汗がひいた。

お座敷に通されて『日省簿』や『快園随筆』『展観例』『江戸来状』などの書類を拝見しているると夫人由幾子さんが松花堂風の昼食を出してくださった。

「古い古文書など見に来られるというので、年輩の方だと想像して、こんな和食をつくりましたが、こんなにお若い方なら、洋食のほうがよかったかしら」

といわれる。私はただ恐縮するばかりで、お礼をいうのが精一杯であった。

退職して毎日が日曜の今は、食べることが一日の主要行事なので多少料理の腕も上がったが、その頃は料理の知識はほとんどない。出汁のとりかた一つでも、難しいといわれる和食など作ろうとも思わなかった。高野豆腐や椎茸の入った煮物や、卵焼きなどの松花堂弁当と、すまし汁を美味しくいただだいた。

その間、開け放された隣のダイニングルームでのお二人の会話が聞こえてくる。内容は聞き取れなかったが、実に仲睦まじい雰囲気が、資料を読む私のところに伝わってくるのである。ところが夫人によく電話がかかってきて話されるのがきこえてきた。それは退院して間もない夫人を、お友達が心配して様子を尋ねられているらしい。夫人は快活に「大丈夫よ」と答えられている。

私は聞くのは悪いが、耳に入ってくるので、御病状を尋ねるべきかと考えたが、初対面で電話の話を推測してうかがうのも失礼かと思って控えた。

撮影は思いのほかに資料がたくさんあって時間が長引き、二時間ほどたっていた。ノートに史料の名前と撮影済みのフィルムの番号を書いたり、江戸来状の内容を分類するのにも時間をとられてしまったのである。

私は御馳走になった事、貴重な資料を長時間も見せて下さったことなどお礼を申しあげてお暇したが、夫人は私をねぎらっていわれた。

「お疲れでしたね。またいつでも来てくださって結構ですよ」

禎次郎氏がその横で、穏やかな表情で頷いておられた。

里井家で蒐集した史料の整理は、授業が始まると、なかなか進まず校務分掌に関する出張もあって、ぐずぐずしているうちに年を越してしまった。冬休みに少し整理したが、史料の繋がりや人物に関連する疑問も出てきて、撮り残した史料をもう一度、里井家に行って見せてもらいたいのと、山本家所蔵の資料も見せてもらいたくなった。しかし新学年が始まると多忙な日が続き、夏休みに入って、やっと里井家にお伺いすることができた。

ところが思いもよらず、夫人はこの六月に亡くなられていたのである。禎次郎氏は端然と座って、旅立たれた日のことを話して下さった。

私はお慰めする適当な言葉もなく、

「お寂しいでしょう。私も、あんないい方に、もうお目にかかれないと思うと悲しいです」

と辛うじていうことができた。

禎次郎氏は、せっかく来られたのだから史料を写して下さいと親切にいって下さったが、私は力が抜けてしまった。史料を見て必要なものを選び、ノートにメモして撮影するには、それなりの集中力がいるのである。私はまたお邪魔させてもらいますと挨拶して辞去した。駅まで歩く間、もっと早くお伺いして、お礼がいいたかったと後悔の念で胸が塞がった。

この年は史料を読みとって、原稿用紙の桝に一字ずつ書き取っていく作業に終始した。おかしなことに、入浴中に突然インスピレーションがおこって、読めなかった「くずし字」が解読できることがあった。これは血の巡りがよくなったためかも知れない。

翌年の二月、三年生の成績判定会議も終わって、卒業式まで時間ができたので山本家に電話した。

大学の研究者でもなく、郷土史家でもない私など、断られるかもしれないと懼《おそ》れながら里井浮丘さんの資料を見せてもらいたい旨を話すと、あっさり承諾していただいた。

山本氏を訪問する前に、里井浮丘について読みなおし、浮丘という人物について整理しておくことにした。

寛政十一年（一七九九）、中庄村湊浦の廻船問屋里井氏の一族治右衛門孝伴《たかとも》の四男として生まれた。父の遺書により、病身であった長兄をおいて、家督を継いだ。諱《いみな》は孝幹《たかもと》、号は浮丘または快園、後には跛鼈《ひべつ》ともいった。文人、芸術家の庇護者となり、幕末第一の画人と評された日根対山を世に送り出した。

早くから漢学や書を学び、絵画にも巧みで、書画の鑑定には定評があり、その蒐蔵品を収めた挾芳園《さほうえん》には優れた書画が多かった。挾芳園《さほうえん》を訪ねてくるのは、京坂の文化人が中心であるが、当時は江戸より京坂こそが、文化の中心といってよかったのである。十八世紀の後半、大坂の酒造家木村蒹葭堂《けんかどう》に集まった文化人の顔触れをみればわかることであった。
また国学者大国隆正《おおくにたかまさ》を知り、心が国学に傾いて、隆正の門人となったのは、天保の飢饉の只中で、社会の矛盾が幕藩制を揺さぶっているときであった。彼は窮民に廉価で米を売ってたすけたがそれ以上に行動する人ではなく、自分の分を守り、村役人としておかれた立場に忠実な人であった。

当時は、浮丘については、これだけの知識しかなく、浮丘という人物の輪郭がおぼろげに浮かぶだけである。

山本氏に「浮丘をどう見ていますか」と尋ねられたら、困ってしまうなぁと思いながら、思い切りよく出かけた。晴れた日であったが、寒気がきびしく、カメラやノートの入った鞄を持つ手がしびれたので、ポケットの中で手を擦りながら歩いた。

山本氏は元市長にふさわしい、どっしりとした物腰の柔和な感じの方で、眼鏡の奥の大きな眼がよく光っていた。

居間に通されて、先ず見せられたのは頼山陽の軸であった。感想を求められたので頑張っていった。

書に勢いがあり、颯爽としている感じをうけたので、その通りに述べる。

「たいていの人は、そういいますな」と笑われた。

そのあと浮丘宛の書簡を束にしたものを見せてもらえた。村方文書ではなく、書簡は夫々に癖があって、慣れないとすぐには読めないので、カメラを構えて接写でパチパチとらせてもらう。

帰宅して差出人別に分類して、それをまた年代別に分ける作業を始めたところで、ほとんどの書簡に年号がないのに気が付く。それは現在でもありうることで、昭和、平成などの年号は相手がわかっているものとして、省かれていることが多いのである。私は祖母が生前に私宛に送ってくれた三百余の手紙を整理して、手紙の末尾に年号がなく月日のみが記されているので困ったことがある。

差出人の号が、よく変わるのと名前も思い付きで変えられるので、分類しにくいが、この方は筆跡に慣れると簡単である。

ただし、せっかく楽亭という人物の筆跡になれて読み進めていたのに、今度は別の人物の書簡に移ると、文字の癖が強く、慣れない筆跡が読みにくく、ため息がでてしまうのであった。

半月ほどして再び山本昇平氏宅にお邪魔すると、今度は古い天狗の面を見せられて、いつの時代のものかわかりますか、と問われた。骨董に関心の全くない私は何の知識もない。

「さっぱりわかりませんが、相当古いものでしょうね」という。

山本氏は、これは南北朝時代の物といわれているが、自分は江戸時代前期の物だろうと思っている。それは髭のつけ方と鼻の傾斜で判別できるなどと講釈される。

そのあと浮丘の日記などの古文書の束を見せて下さる。『遺稿抄』に入っていないものが多いが漢文で記されたものも見受けられる。これは読むのに大変だと思いながら、カメラで撮影していく。

帰宅してすぐに読み始めるには疲れていたし、学校の仕事もあり、数日は放置してしまった。三回目に訪問したのは四月三十日の日曜日であった。いつもにこやかに迎えて下さるのだが、先に骨董の類を披露して、私の意見を求められるのには弱ってしまった。竹を描いた水墨画を示して、「これ、貫名海屋《ぬきなかいおく》の描いたものですよ。海屋はご存知ですか」と問われる。

私は貫名海屋の書画帖を、博物館で見たことがあったので

「はい、海屋は書家だと思ってましたが、画も上手なんですね」という。

「先生、教養がお深い。海屋を知っている人は、まあ少ないですのに」

と褒めてもらえた。

この日は、別室に来客があるらしく氏は、家人に呼ばれて引き上げられた。

私は一時間ほど撮影してお暇した。

最後にお伺いしたのは、夏休みの後半であった。その日は短冊に書かれた浮丘の和歌三首を見せてもらったが、資料は今お見せすることができないといわれた。その理由は阪大の学生に、

卒論の資料にしたいと請われて、浮丘の資料を全部貸してしまったので、三か月しないと戻ってこないとのことである。

私は里井家が、泉州の文化人として名を高くすることができた財政的基盤を、以前から知りたく思っていたので、里井家の村役人としての文書とか、財政面の帳簿とかは拝見できないか、と厚かましく尋ねた。そうすると「もう少し涼しくなったら蔵に入って整理しますから、待ってください」とのことであった。

辞去するとき山本氏から、やんわりと痛いところを突かれた。

「資料を集めて、読むのは先生のお道楽じゃないのですか。本当に研究して論文を出されるおつもりですか」

私がそのうち飽きて挫折するのを御見通しだった。しかし私は「浮丘さんについては、きっと書くつもりです」と見得をきったが、実はそれほどの自信はなかった。これが山本氏とのお別れとなり、もうお会いすることはなかったのである。

浮丘関係の文書が、山本氏の許に戻ってくるまで、私は国学の広がりを調べるのに樽井の受法寺に行ったりしていたが、翌年転勤になった。

新しい学校に慣れるには、やはり骨が折れて疲れた。勤務先は泉佐野とは反対方角の堺市にあり、放課後に伺うのは、時間的に無理で、休みを利用するにも、何となく億劫となった。

数年して、私は再度転勤になり、その勤務先は大阪市内になったので、ますます足が遠のいてしまった。

この学校の生徒は歴史に関心をもつ者が多く、学界の盲点を衝くような質問をした。私がすぐに答えられないものもあり、調べてからプリントにして配布します、といったが図書館に行って調べる時間がなく在職中に果たすことができなかった。更にテニスにも熱中して、随分長い間、浮丘さんのことは忘れてしまった。

そうして時間はあっという間に過ぎて、気が付くと私は退職老人になっていたが時間はたっぷりあった。そこで、生徒の質問を整理して、世界史に関連するものを選び、講師を勤めながら、やっと『日本史のなかの世界史』を上梓できた。これで生徒との約束は果たしたことになったと思った。

しかし山本昇平氏との約束を思い出すことはなかったが、それからほぼ十四年がすぎたある日、浮丘さんの資料を再び見る日が突然やってきたのである。

それは二〇一三年夏、堺市中央図書館で『新修泉佐野市史』十冊十三巻をみつけたことにあった。奥付をみると、二〇〇九年三月に発行されているのに、何も知らなかったことに愕然とした。浮丘さんの史料も旧版の『泉佐野市史』とくらべて、ずっと多くが収録されていた。

私は、いささか高ぶった心を抑えて、家に帰ると戸棚から四十数年ぶりに浮丘さんの史料を引き出して見た。くずし字を楷書に書きなおした原稿用紙は、変色していなかったが、書簡類の写真を張ったパソコン用紙は周りが褐色化していた。私は若い日に、書いてみたいと思って蒐集した資料を改めて読んだ。

そうすると、書いてみたいという欲求はあるものの、「泉佐野」という地名を聞いて、それは関西空港のある市であると、すぐに思い当たるのは、大阪に住む人ぐらいなのではあるまいか、泉佐野の文化人の話は地方史のテーマになっても、全国的な関心を集めるものではないと消極的思考に傾くのだった。

ところが改めて、前述の捴芳園の来園者や浮丘と交際した人物を眺めると、一流の文人・画家が何人も登場してくるではないか。

彼らは一世代前の木村蒹葭堂のサロンに集《つど》った著名な文化人の子どもたちなのであった。酒造家蒹葭堂は、自らも書画を嗜《たしな》む人であり、二万冊の蔵書や書画を文人らに閲覧させたうえ、経済的援助もいとわなかった人である。

蒹葭堂が没した後、泉佐野の捴芳園は規模はやや小さいが、京大坂の文化サロンになったのである。

浮丘の捴芳園《さほうえん》が有名になった頃、頼山陽、画家田能村竹田らは亡くなっていたが、幕末三筆の一人といわれる書家貫名海屋《ぬきなかいおく》や文人画家岡田米山人の子半江、儒家で関西詩壇の中心人物篠崎小竹《しのざきしょうちく》、医師小石玄瑞など当時の一流の文人墨客が挾芳園の来園者名簿に名を列ねている。

更に嘉永年間からは海屋や対山などを通じて、所謂尊攘派志士頼三樹三郎《らいみきさぶろう》、僧月性《げっしょう》、天誅組の藤本鉄石などが湊浦の挾芳園《さほうえん》を訪れているのだ。

しかし蒹葭堂が亡くなって、僅か二十年ほどで、幕藩制を揺るがす天保から幕末の尊攘運動という激動の時代となり、京、大坂は政治運動の坩堝《るつぼ》となった。したがって浮丘と交流のあった地元の名士でも、その渦中に巻き込まれて獄中死する者もでた。

浮丘の読書や彼の研究態度には、その雰囲気自体を楽しむ姿勢があり、研究の知的喜びがあるだけで、時流にのって功名心や地位を得ようとする野心はなかった。したがって政治的な行為への協賛や参加を呼びかけられても応ずることはなかったのである。

京、大坂の文化人が、幕末の激流の中をどのように生きたかということは、尊攘討幕の志士たちと比べて、あまり知られていないので、浮丘の周囲をグローバルに見ることで、彼らの実像にも触れて書いてみることにした。したがって里井浮丘を核にした京坂文化人の交流を語ることで、浮丘の人間像も自然に浮かび上がるようにしたつもりである。

こうして私が四十数年前に蒐集した資料と向き合い、幕末の京、大坂の文化人のことを書き始めたのを見て、亡き山本氏や里井ご夫妻は、今頃になって、やっと書く気になったのか、と笑っておられるように思うのである。

一

浮丘が里井家を嗣ぐまで

(一) 里井家と泉州佐野湊浦

現在の泉佐野市は関西空港の入口にある都市で、海岸沿いの高速道路には絶えず車が走っている。市は海側の旧市内から山側に新庁舎や図書館などの文化施設を建て、新興住宅地の開発も行った。

しかし旧市内は開発の余地がないのか、財政的にも難しいのか、迷宮のような路地に古い町屋が残されていて、歴史散歩をするには、楽しいところである。両側に古い長屋が連なっている向こうに、関西空港のビルが聳《そび》えているという新旧の対比も面白い。

元禄二年（一六八九）貝原益軒が『南游紀行』で「佐野市場は貝塚より一里余。民家千軒ありと云う。富商多し……商人の多くは船を持って家業とす」と述べているが廻船業は元禄期が最盛期であった。人口も五万人の堺には及ばないが八千人という泉州第二の人口を擁する町であった。

　近世初期の泉州佐野浦の船主には新屋《あたらしや》の屋号が多い。宝暦年間に新屋長右衛門、新屋忠左衛門、新屋治右衛門、新屋徳左衛門の四家が廻船業を営んでいたようである。新屋は「新屋一統」という船手形を持ち、米、菜種《なたね》、干鰯《ほしか》、木綿、塩などを積んで、盛んに交易を行っていた。元禄期の新潟佐渡浦川港に多い時では、佐野浦の船が八十艘、堺が五十艘、湊浦の二十艘が入港したという活況ぶりであった。

食野家いろは四十八蔵

　移送の主な産物は綿製品や菜種油、干鰯などを日本海沿岸の町に運び、帰路には北国米や絹織物、紅花などを積んで、莫大な利益をあげていたとみられる。

　その頃は大坂でも有数の富豪である泉州の食野《めしの》家や唐金《からがね》家などが、殷盛を誇っていた時期である。

　井原西鶴『日本永代蔵』に

「このごろ泉州に唐かね屋とて金銀に有徳《うとく》なる人出来ぬ。其の名を神通丸とて三千七百石積ても足かるく……」とある。

　唐金は佐野の豪商食野の一族である。全盛期には三千石積の大船を持っていた。江戸前期には「食《めし》」といい、後期には「食野《めしの》」というがここでは「食野」と呼ぶことにする。

海岸沿いには、「食野家いろは四十八蔵」とよばれていた切妻屋根白壁の見事な土蔵が海岸に並行して立ち並んでいたのである。昭和三十年頃には道の両側にまだ何十軒もの土蔵が残っていたが、現在は僅かに三、四軒の蔵が残されているだけで、何とかまだ当時の面影を保っている。蔵の前は船着き場であり、荷揚げ人足である沖仲仕や船子、船頭たちの棲家、それに漁師たちの家並みが続いていたであろう。

私が残された蔵の写真を撮っていると、蔵と狭い道路を隔てたアパートに住んでいるおばあさんが「十年ほど前に来られたらよかったのに。目の前で崩れ落ちましたんですよ」といった。おばあさんは、また、そこから少し歩いた民家の軒先に案内してくれて、「竜虎」などと彫られた庭石ぐらいの楕円形の石を指差し、「この石は戦前まで沖仲仕や漁師が力自慢に持ち上げていたものです」と説明してくれた。石の側面には「濱仲使（仕）力石」と彫られていた。「観光客がこの辺に来ると、私がこんなこと説明してあげるんですわ」とやや自慢げに、やや迷惑気味にいった。

さて幕末泉州第一の文化人と称された里井孝幹《たかもと》は、寛政十一（一七九九）和泉国日根郡中庄村湊（今の泉佐野）の廻船問屋新屋《あたらしや》五代目の当主里井治右衛門伴孝《ともたか》と貝塚の役人菊川氏の娘きくの四男に生まれた。

孝幹は、号を浮丘、または快園と称し、字《あざな》を元礼《もとのり》といい、幼名は富松、成人しては栄助とよばれていた。四男であったが兄たちが病気がちであったり、早世したので浮丘が家督を継いだ。ここでは一般的に使用されていた浮丘で統一することにした。

目前に十九世紀という近代への変革の波がうねってくるという時代であった。里井家が廻船問屋として湊に出現するのは、いつごろか不明であるが、新屋の分家の当主として治右衛門という名前は代々継いでいくきまりになっていた。

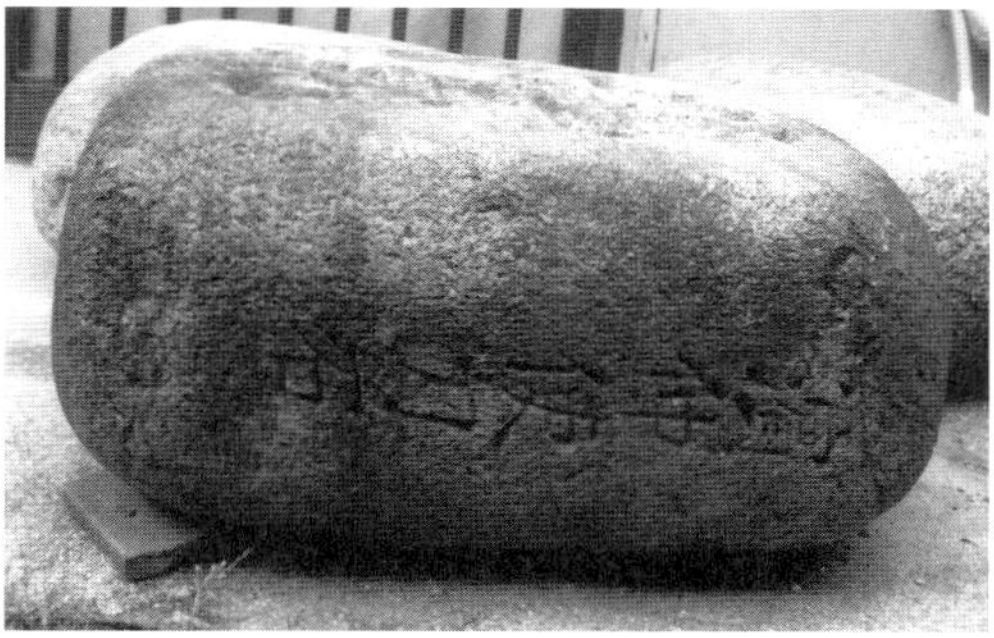
力石

その後も里井治右衛門家は高松、平松、食野、新川、奥家などの富裕な旧家と何らかの縁組を行って、家の維持、つまり財産の維持と家格のバランスを保持してきた。浮丘の日記を見ると、ほぼ毎日のように彼らと行き来して、談笑し囲碁を楽しみ、また書画を鑑賞しているのである。その兄弟のような親密さは現在では見られないものである。

泉佐野は岸和田藩の領内にあったが、中庄村と瓦屋村は、近江の小室《こむろ》に陣屋をもつ一万石の小藩小堀氏の支配地であった。この両村で一番の勢力を持っていたのは、古くからの土豪であった新川《にいかわ》氏である。新川氏がゆるぎない権威を確立したのは、一六一〇年頃に小堀氏の代官となった盛政のときである。

小堀氏の支配は、天明八年（一七八八）までずっと続いてきたのだが、この年伏見義民騒動によって失脚し改易《かいえき》（知行地、封禄の没収）となった。浮丘が生まれる十一年前のことである。

当時伏見奉行であった小堀政方が、町の存立を揺るがせるほどの苛税を伏見の町人に課したので、文珠九助《もんじゆきゆうすけ》らが命を懸けて幕府に直訴した結果、領主小堀家は改易となった。直訴《じきそ》で滅多にない勝利を町人側が得たのは、田沼意次《おきつぐ》から松平定信に政権が移行する時期にあり、田沼の失政を問いたい定信らが同情を寄せたことが町人側に有利に働いたともいわれる。

しかし封建社会では訴訟に勝っても、身分差は厳然としてあり、お上に逆らった九助らは入牢、吟味《ぎんみ》の末、次々と衰弱死したのであった。伏見の町におこなった苛烈な徴税は、小堀の領地であった中庄村や瓦屋村でも実施されていた。

小堀は小藩であったためか、大坂の鴻池《こうのいけ》などの豪商には相手にされず、また今までの借金も返済していないために、融通をたのめる有望な筋はなかったこともある。

そこで領内の庄屋を集めて村単位に金融させるという方策を考えついた。百姓個々の田畑を村単位で抵当にいれて、地域や大坂の金融業者から金を借り、その金を領主小堀家に上納させるという仕組みである。保証人は新川氏ら村の有力者がなった。

小堀が改易になると、その領地は天領になって、大津代官の支配下にはいり、次には堺奉行所の管轄下に入った。しかし小堀の代官として村政に携わった新川氏に対する村人の反感は強く、借金返済をめぐっての対応や従来の慣行や特権などの廃止を要求して争った。

新川氏の権力も小堀の改易によってゆらぎ、実力をたくわえつつあった新興商人や地主が抬頭してきたのである。

天領になってから湊浦は堺奉行所の巡見に対応すればいいことになり、岸和田藩内の庄屋同士の格争いなどに無関係でいられたし、大坂、堺、淀川筋への物資運搬や交易に有利になったものと思われる。

里井家や平松家は、菜種、木綿、砂糖、干鰯《ほしか》の移出に問屋や仲買人として岸和田藩の認可も受けていた。関東、東北の米や材木、樽物などの移入に多少は関与しただろうが、この頃、大船は持っていなかったようである。

廻船問屋平松家は安政三年になってからも、堺奉行所の認可を得て、江戸積の権利を持つ三軒の一つで、元禄頃はかなりの大船を持っていたと思われる。屋号を「平九」といい、代々当主は九左衛門といった。

かっては、千石船を所有していたというから事実とすれば、里井家より大きいのではないか。海事補佐人である従弟に千石船の大きさを尋ねると、「計算するから待って」といわれた。その結果得た答えはこうであった。

「千石船は今でいうなら一五〇トン、長さ二十九メートル、幅七、五メートル、乗組員は十五人ぐらいであり、三百石船で五〇トンぐらいである」

浮丘の代になった頃の里井家の経営は、廻船業の収入は少しで、おもに作徳米(自作米、小作米)と干鰯、菜種などの売買、金融業(利子収入)などによるものである。周辺では甘蔗《かんしょ》の栽培もさかんになっていたので、砂糖の仲買人として流通にも関与していた。

また湊浦の村役人を勤めていたので、作物や地質への関心も高く、幕領の庄屋役としての意識も強かった。

(二) 里井兄弟に家庭教師がつく

享保九年生まれの祖父克孝《かつたか》は詩文をよくし、『鳳澤《ほうたく》詩集八巻』を著した。そのなかには、浮丘の頃にも親交があり、同じ家筋と思われる中、新川、平松家らとの詩のやり取りなどが記されている。この時代の詩とは漢詩のことであり、漢学が学問、教養の基礎であった。克孝の蔵書は多く、その家庭で育った子女は自然に書に親しむようになっていた。

浮丘は幼少より蔵に入って虫干しする父を手伝い、書画の講釈をきいたが、羅漢などを眼をこらして見入ることもあった。

浮丘も兄孝胤《たかたね》（友三郎）も堺、大坂から本屋が来るのを楽しみにしていた。浮丘は草紙類の物語が好きで、その多くを暗記していた。本屋が来ると絵草子などを手に取って眺めたり、文具の入った箱を開けて、竜の文鎮や可愛らしい狛犬の水差しなどを観るのが好きだった。

文具は本屋が委託されて販売しているので、値をまけてくれなかったが、父孝伴が『千字文』一巻と筆を二人に買ってくれた時は、少し値を引いてくれた。

『千字文』は昔の中国の児童の教科書であり、日本では習字の手本に用いられていた。

私の国語教科書は有名な「サイタ　サイタ　サクラガ　サイタ」というもので一つの漢字もなかったが、明治十二年生まれである祖母の小学一年生の読本には、「かな」はなく、「四海皆兄弟」という漢字が並んでいたという。

その『千字文』の最初のページには「天地玄黄　宇宙浩荒」とある。兄が「天地は黒と黄なり」「宇宙は大いに広い」と得意そうに音読するのを聞いて、浮丘も読めそうなところをさがした。「寒来暑往」とあるのを見つけて「寒さが来て暑さが往った」と大声で読んだ。

二人は寺子屋ですでに漢字の初歩は習っていたが、父は「暑さ、寒さが入れ替わって作物が成り、歳が経っていくんだぞ。天地玄黄の意味も深いのだ」といった。

父は、兄弟が競争のように漢字の読みを競うのを見て、もう素読だけではなく四書などの意味を講じる家庭教師を付けることにした。

浮丘が少年時代を過ごした文化年間は豪商だけでなく、一般町人が文化を享受した時代である。浮世絵や文人画の隆盛、俳句、川柳、狂歌が流行していた。特に寺子屋が普及して、庶民の子弟にも、広く読み・書き・そろばんなどの実用教育が行われたのである。

父は、紀州の儒者内藤慎を招き、親しい医師武井氏の息子冀《のぞむ》（のちに号を蓋丘《がいきゅう》とした）と一緒に購読を受けさせた。

内藤氏は二年間里井の家に滞在していたというが、イギリスなどの郷神が家庭教師を館《やかた》に招いて子女に教育をほどこしたのを思い起こさせるではないか。

また書は京の書家松本研斎に教えをうけたが、後に浮丘の書が評判よく、題字や序文、画賛など依頼されるようになったのは、この時に学んだ書が基礎にあったためといえる。

兄孝胤《たかたね》(亮平・幼名は友三郎)は、虚弱な体質であったので父は浮丘に期待していた節があった。二十三歳になった浮丘に父は、「もうそろそろ江戸をみてくるか」といった。

浮丘は幼い時に父に連れられて芳野（吉野）へ行ったが、一人で旅をしたことはなかった。

庶民の伊勢参りや善光寺参りは、大変さかんで、「おかげ参り」という集団旅行は、個人旅行よりも安全であった。伴孝が伊勢参詣ではなく、江戸行を選んだのは、江戸に親戚の奥家の店があり、そこを宿にできたこともあるが、商人としての見聞は、伊勢や善光寺にくらべて、はるかに多くの収穫があるはずと考えたためであろう。

父は江戸で相撲や芝居を見て虜《とりこ》にならぬように、茶屋に入って女にひかれぬように注意した。江戸遊覧に下僕を伴って出かけたのは正月八日である。大坂、京都に半月余り滞在したあと、松本研斎と下僕ら四人で江戸に向かった。江戸に着いたのは二月十八日である。帰途は松本研斎と別れ、中山道を歩いて三月二十六日に湊浦の家に帰った。

上層町人の子弟が、若い時に長い旅をするのは、言葉も風俗、食べ物も違うところで暮らす人々を知ることのほかに、江戸の金遣い、大坂の銀遣いなど金銭の使い方も覚え、日本の地勢を学び、将来の仕事や人生に役立てようと考えたからである。この時代、江戸に行くということは、近代になってから、ロンドンにでも行って見聞を広めるのと同じような意味があったのである。

この旅の記録は『東征紀行』と名付けて残された。

(三)　遺書により家督を継ぐ

浮丘が旅から帰った翌年の春、父は病床につくようになり、家政の指図をしたり、寄合などにも参加できなくなった。

父は自分の余命が長くないことを悟ると、友三郎、栄助（浮丘）兄弟をよんで死後のことを話した。

本来は嫡子友三郎に家督を譲り、栄助には分家させるつもりであったが、友三郎が多病の素質がある故、栄助に跡目を相続させたいが、どう思うかと友三郎に訊いた。友三郎は、かねがね私は病気がちであるので、跡目は栄助に譲ろうと思っていました。家督相続人はなにとぞ栄助に仰せ下されたい。私は別宅をもらって生涯安心して養生できるようにしてくだされば大慶に存じますといった。

友三郎は既に三十歳であり学者肌の人であった。家伝の漢籍以外にも、自分で購入した漢籍も多く持っていた。父の遺言を良としたのは、好きに詩作したり読書ができるならば何ら不都合はなかったからである。栄助の読書好きは、この兄からの感化も相当あったらしい。

そこで父は兄の忠左衛門（原徳）に兄弟共に納得した上の遺書であることを記し、その仕法を託したのである。

忠左衛門というのは、里井が四家になった時の二男の家が代々忠左衛門といい、三男が治右衛門と称したのである。それで伴孝は遺産の仕分けや孫の扱いなど友三郎、栄助だけでは心もとない事柄を、親しい兄に執り行ってもらうように依頼したのであった。

家督を弟栄助に譲ることを承諾した友三郎への財産分けは、かなりの分を割いている。友三郎に譲る財産としては、家屋敷、銀、田畑作得米、屏風、掛物、書画、腰のもの（刀）などにいたるまで書き連ねた。また将来娘千賀へ分与する財産にも触れている。銀三貫七百目のほか、講の取銀などを娘千賀縁付ケ候節には拵料《こしらえりょう》手当に心得置申すべきことと記している。

内容は同じで筆跡の異なる遺書が二通残されていて印形《いんぎょう》がないのは、友三郎と栄助が父のいいつけで、夫々書き写したものと思われる。

父は遺書を託した翌文政六年に没した。浮丘二十五歳、友三郎三十二歳、妹千賀は十歳の時である。

浮丘自身の略歴によれば二十八歳より里正の職についたと記されているが、彼の性格から考えると兄の存命中は何事も、できるだけ兄と相談してきめていたと思われる。

父の歿した年、京都で塾を開いていた内藤慎が音信不明となっていたのが、紀州加茂谷に隠棲しているという話を、紀州から米を積んできた船方から得た。兄弟は常から師の居所を気にしていたので、早速、内藤氏を訪ね、還暦を祝って祝儀を贈った。その後内藤氏が没してからも、回忌には墓に詣でているところは、この時代の師弟間の結びつきが今より深かったこともあるが、やはり兄弟の師を想うやさしさを感じるのである。

十二月二十六日、身体の弱い兄孝胤が四十二歳で死去した。浮丘は兄の肖像を同郷の若い画師日根対山《ひねたいざん》に依頼した。

『里井浮丘遺稿抄』に「恭題亡兄清巖先生肖像」とあって「先生諱《いみな》孝胤字君錫。天保癸巳（四年）年十二月二十六日歿。時年四十二。私諡清巖先生矣。請友人日根生写其真、以当羹牆《こうしょう》云」と記されている。

簡単にいえば、「諡《おくりな》（死後に贈る称号）を清巌先生とし、日根氏に依頼してその姿を写させ、以てそれを棺の帆のごとくに、仕切りに立てた」という意味である。

対山の画いた他の人の肖像画はいくつか残っているが、孝胤の肖像画は発見されていない。あれば、対山の描いた最初の肖像画であり、また兄孝胤の風貌から浮丘の顔だちも推察できたのにと惜しまれる。現在残っている浮丘を描いたものは、浮丘死後に、対山が蝋燭を包んだ紙に一筆書きのような後姿を描いたのが残っているだけで、その表情はわからない。

日根対山は文化十年（一八一三）、浮丘が十五歳の時、湊浦に、生まれた。長じて号を台山とし、のちには対山と称した。ここではすべて対山とする。

対山は幼少の頃より画を描くのが好きで、紙や白い生地、襖などを見ると、持っている矢立の筆で片端から画を描いた。それで彼が来ると、家人は大急ぎで筆、硯、紙などをかたづけた。ある日里井家を訪れた時、誰もいないところに白い縮緬《ちりめん》の腰帯《こしおび》が衣桁《いこう》にかかっていた。

対山は、これに梅の樹を描いて叱られたことがあったという逸話は、長じての対山の性格が既に顕れていたといえるものであった。

浮丘と兄孝胤は、この悪戯《いたずら》小僧のような画師の卵を可愛がった。天保四年、兄が死去する年の一月、浮丘と対山は連れだって湊浦に近い安松村の庄屋根来喜右衛門を訪れている。書画に関心を持っていたといわれる根来氏の幾幅かを観覧させてもらいに行ったのではないかと思うが、この時、対山二十歳、浮丘は三十五歳である。なにかにつけ浮丘は、彼の才能を伸ばすために個人所蔵の逸品を見せてもらいに連れて行ったり、岸和田や大坂、京都で展覧会があるときけば、彼を伴って鑑賞に出かけたりしていた。

のちに対山は幕末第一の画師といわれようになるのだが、酒に強く、大杯を傾けながら筆を振るい、周囲を顧慮せず、率直に意見を述べたので、その豪快さを好む人達と敬遠する人々とに分かれた。

兄孝胤が亡くなったとき、浮丘はもう青年期も過ぎようとする三十六歳であった。

二

画師《えし》楽亭《らくてい》、国学者《こくがくしゃ》隆正《たかまさ》来る

㈠ 『養生訓』での縁

浮丘が十八歳の頃、文化十三年（一八一六）九月に斎藤楽亭という画師がやってきてしばらく逗留した。のちに、この楽亭の水墨画を売ってやったり、困窮時に請われれば、金銭的な援助もして頼られた。しかし楽亭との親交のきっかけは、むしろ兄孝胤との出会いにあったのである。

そのことは、ずっと後で、老いた楽亭が昔をなつかしんで、初めて里井家に逗留した時のことを思い出しながら、浮丘宛の手紙に次のように書いていることから判明できるのである。

「私は十七歳のとき紀州家に召し出され、二十六歳で退身《たいしん》の盆後より有馬入湯に参り、友三郎様と、貝原益軒《かいばらえきけん》『養生訓』の話で馬が合い、その九月より貴家へ行き、挾芳園《さほうえん》にて居候致しました」

楽亭は有馬に行ったのは二十六歳と記している。友三郎は一歳下の二十五歳であった。

紀伊藩を退身したとあるが、それまでどのようなポストにいたのか、楽亭自身が語らないので判然としない。だが数年後の文政版『平安人物誌』には画師、斎藤則順、字士経、号蘭亭。住所は新町今出川北となっているから、有馬入湯後は京都に居住したことになる。しかも既に画師として記載されているということは、俄かに画師にはなれないので、紀伊にいたときにも画師であったと推察されるのである。

『平安人物誌』は、京都在住の文化人の名簿である。医師や書家、画師、儒家、篆刻《てんこく》師、韻学者などに分類列挙して、京都を来訪する人の便宜をはかったともいうから、それなりに楽亭は一応、京では名の通った画師であったということができる。

有馬では『養生訓』が話題にあがったといっているが、その『養生訓』は、大抵の家で家庭の医学書として備えられていた。

これに匹敵する現代の家庭の医学書は、戦前に出版された築田多吉の『家庭に於ける実際的看護の秘訣』である。表紙が赤いので「赤本」といわれ、どこの家庭にも備えられた。大正十四年以来、昭和三十年代まで続く超ベストセラー本であった。累積発行部数は一千万部という。

築田は海軍衛生士官として、海軍病院に三十五年も勤めた経験と、自身の結核体験にもとづく療法を記したので説得力があった。漢方を基礎とした療法も庶民には身近なものであり、また威張るが誤診も多い当時の医者は頼れる存在ではなかったのである。更に高額な医療費は、健康保険制度がない戦前では、入院などを告げられれば青くなる御時世であった。

私が小学生のとき扁桃腺が脹れて高熱が続いたときに、日頃から「赤本」を熱心に読んでいた祖母は、擦ったサトイモと、土生姜に小麦粉を混ぜたものを袋に入れて首に巻き付けてくれた。冷たくていい気持だったが、痒くて困ったことを覚えている。

この「赤本」と同じような社会的状況で『養生訓』が、庶民の家庭に置かれたのである。一七一二年、著者貝原益軒八十三歳のときに書かれ、刊行されるや、たちまち版を重ねた。

益軒は「貧民は医なき故に死し、愚民は庸医（やぶ医者）にあやまられて死ぬる者多し」と庶民の医に対する無知を啓蒙するのが目的であったから、庶民が読みやすいように、漢文を避け、和文をもって書いている。この書は今読んでも十分通用する健康維持のノウハウ本である。これと同じことを書いている類書が、現在にどれだけ多いかは、驚くほどである。

益軒は自身の体験と、日本の風土と日本人の体質にあう、病気の予防法を説いたので、多くの人を納得させた。心気を養うことが健康の第一歩であるが、それにはどうすればよいか。食事は腹八分目にして、食後は消化していないのに、臥してはいけない。病にかからない時こそ養生すべきである。病になってから薬を使い、鍼灸《はりきゅう》を用いるのは養生の末であるなど、前半は健康維持のための総論であり、後半は飲食、飲酒の心得を述べ、心の働きから眠る時の姿勢や医者の選び方、薬の用い方、湯あみの仕方など各論にわたっている。

しかも益軒自身八十三歳という当時では珍しい長寿でありながら、夜でも読み書きができて歯は一つも欠けていないという健康体であったため、体験的実践論としても養生訓がよく読まれたのであろう。

楽亭は、その九月に里井家を訪うて居候している。居心地がよかったのでその間、里井家で蒐集した元、明、清の書画や珍品を見せてもらい、模写して大いに勉強したのであった。

この蒐集品は先祖からのものに、浮丘が集めたものを加えたのであるが、祖父克孝の時に秀作がかなり集められていたようである。

(二)　浮丘、国学に入門

国学は復古主義的な学問である。『万葉集』で歌を学び、古い言葉を知り、ついで『古事記』『日本書紀』から民族的精神を見出そうとした。

よく知られている学者は、本居宣長《もとおりのりなが》や平田篤胤《ひらたあつたね》らである。

隆正は宣長の弟子村田春門に学び、宣長や平田篤胤の継承者であると自称していたが、隆正の説は平田派の神道に近いものである。

天保の時代は未曾有の大飢饉がおこり、百姓町人が一揆や打ちこわしをおこすという身分社会を揺るがす出来事が続発し、外には外国船が頻繁に沿岸に近づいて、鎖国体制を脅かしていた。都市では、民衆が世直しを叫んで踊り狂っていた。

こういう時、村落の指導層である村役人や豪農、知識人が拠るべき指針としての精神的支えを求めていた。そこへ従来の漢学ではない国学が新思想として台頭し、知識人の心を捉えるようになったのである。

泉州でも国学は堺や泉佐野、樽井などに広まりつつあった。堺奉行所の与力上条柳居は、『古事記』『日本書記』にある和泉の古跡を訪ねて由来を調べ、史跡保存に尽力していた。

泉州の樽井村では、大庄屋脇田重明や国学者保井田忠友《ほいだただとも》の流れをくむ受法寺住職の藤井玄珠らが和歌の会をもって、唐心《からごころ》ではない大和心を熱心に指導していた。

樽井の受法寺は私の勤務先の学校の近所にあったので、放課後に伺うと、本居大平《おおひら》や隆正、御杖《みつえ》、古川躬行《みゆき》、保井田忠友など国学関係の学者や歌人の和歌を記した短冊が残されているのをみせてもらえた。

隆正はここまで来て和歌の指導をしていたのである。本居大平は宣長の養子で紀州家につかえ、その温厚篤実な性格から藩主の信任をえていたが、天保四年に没している。

和歌は国学に入門しようとする人たちに、情緒的に民族心を訴える最初の素材であった。江戸時代の教養人、つまり武士や豪農、富商らは漢詩に親しんでいたが、それは唐《から》ごと、つまり外国からの輸入文化であり、我が国独自の文化ではないと、国学者は主張するのである。そして幕末には尊攘運動の精神的支柱となったのである。

飢饉がピークに達していた天保七年の二月二十六日、楽亭は野之口隆正という国学者を連れて里井家に現れた。親しかった孝胤はもう彼岸の人なのに、敢えて楽亭が、里井家の人々と面識のない隆正を連れて訪ねてきたのは飢饉から逃れるためであった。

隆正が野之口から大国《おおくに》と姓を変えるのは二六年後の文久二年である。「国学者」としては「大国隆正」とよんだほうが知られている。

隆正は津和野藩出身の人であるが、故あって藩を脱し江戸神田佐久間町にいる時、大火にあって家は焼失した。さらに避難先でも蔵書や財物を類焼してしまった。大坂にやってきた隆正一家の暮らしは容易ではなかった。

大国隆正像

一方隆正を連れてきた楽亭は、物価高値の世の中で、一番売れないものは芸事に関するものだ、画師などは飢死してしまうと、画が売れないことを嘆いた。実際、米も買えない窮乏が続いていた楽亭は隆正と会って、彼を連れて泉佐野へ行くだけが、二人の死地を脱する妙案に思えたのであった。

楽亭と隆正が親しくなった場所や理由は、はっきりしないが、隆正がこのころ播磨小野藩主に帰正館教授に招かれる話があったので、播磨で知り合ったとも考えられる。播磨小野は楽亭の出身地らしく、そこには親戚や親戚に預けた子供までがいるからである。

二人は互いに旧友といっているが、隆正のほうが二歳下である。播磨で再会したのか、それとも播磨で知り合ったのかであろう。

隆正は四年前の春、犬鳴山に登った時の美しい景観が忘れられないので、もう一度犬鳴山へ行きたいと望んだ。犬鳴山の名は九世紀頃、猟師が飼犬の鳴き声で、大蛇に襲われる危険を免れたという伝説からつけられたという。低山の割には杉などが生茂《おいしげ》っていて七つの滝があり、深山の趣があった。古代からの修験道の山という感じがする。隆正は霊場の清々しさを体中に感じて満足した。昔の人は現在のようにスポーツとして登山するのではなく、信仰心のために、霊験を求めて登るのである。

隆正は浮丘より七歳上の四十五歳であったが健脚で少しの疲れも見せず頂上に登った。

「頂上でいただく弁当ほど美味しいものはありません」と下男が持参した弁当をきれいにたいらげた。

これ以後、浮丘は犬鳴山に何度も行って、霊場の山の大気や春の桜、秋の紅葉を楽しんでいる。

天保十年秋に武井、平松、長谷川桂山らと登り、天保十三年には訪れてきた小田百谷と、続いて弘化元年秋には対山や平松と、また安政元年にも登っている。安政元年の浮丘は五十六歳であるが、誰と行ったのか記されていないので、一人で行った可能性もある。

泉佐野市街から犬鳴山山麓まで約十二キロで三時間の道程であるが、ここから頂上までは徒歩四十分を要する。昔の人は三時間ほど歩くのは、普通のことであったのだ。

天保七年以前は日記がないので、わかりかねるが、いずれにしても浮丘は犬鳴山が大層気にいっていたのである。

浮丘は帰りに、桜が満開の大井関に隆正を案内した。大井関は湊浦から約七キロばかり、徒歩二時間余である。隆正は樫井川の渓谷沿いにしばらく歩き、満開の桜を眺めて喜び、うたを書き留めた。

私も「大阪みどりの百選」に選ばれている大井関に行ってみた。

慈眼院と隣接した日根神社の境内で、土地の人らしき中年の女性に、大井関への道を尋ねた。

「この神社の境内から行けますよ。そこの階段を上がって、柵のある細い道を行かれると、すぐです。道が細くて落ち葉もあるので気をつけてください」

女性は何度も気をつけるようにいって、ふり返って私を見ていた。

私は女性の指示通り歩いて細い渓谷の上の道に出る。しばらく歩くと広場があって憩えるようにベンチもある。対岸のソメイヨシノとあわせて百本余の大樹があった。満開になれば渓流に桜が映えて、大勢の見物客がくるはずである。昔はもっと渓谷が深かったであろう。

隆正が詠んだいくつかのうたを見せられた浮丘は深く心を動かされた。

皇国二千数百年のことばがあるのに、なぜ異国のことばをありがたがり、自国を東夷などと呼ばれて自認する漢学者がいるとは、情けないことではないか、と隆正は語った。

二三日の教化で速くも、漢学の素養の深い浮丘が国学の徒になって、『古今集』や『源氏物語湖月抄』を購《あがな》うとは驚きのほかないが、国学に初めて触れた浮丘は新鮮に感じたのである。

しかし国学は、上層町人や村役人らの多くに早くから伝わっていて、彼らは漢詩文のほかに、和歌をよみ、歴史や古跡の探求にもいそしんでいたのである。

幕末になると、真面目に村役人としての責任を考える者ほど国学に傾倒するようになっていった。

浮丘は四月五日、隆正に束脩《そくしゅう》（指導料）百疋《ひゃくひき》を贈り、詩一首と書三枚、詠草《えいそう》（和歌）十六首の批評を求めた。続いて六月十日になると、授業名簿を入れて正式に入門するのである。

浮丘は漢詩が好きで得意でもあったが、この時以後和歌を勉強し始めた。

浮丘は入門すると、以後欠かさず金百疋の中元、歳暮のほかに銘菓を贈って喜ばれた。このような律義で勉強にも熱心な弟子を得て、隆正はさぞ嬉しかったのであろう。

隆正は五月十五日付浮丘宛ての手紙に、初めて参上して御馳走になった礼と、帰路に詠んだうたを記して、感謝の気持ちをあらわした。

こころゆく　はるのたびじや
　いつかたも菜の花咲て雲雀なくなり

天保八年三月、浮丘は「跛鼈集《ひべつ》」という歌集を作った。その序に鼈《かめ》もたゆまざれば、千里を行くにたとえて、和歌の研究に励む決意をしたこと、また皇国学《まな》びは「ことの葉」、つまり「言葉」を研究することが大切というので、「て、に、を、は」「かな遣い」などを学ぶこと、「五・七・五・七・七」の三十一文字からなる和歌をつづること、一年に二百首を詠むことを決意したと述べている。

隆正が添削した浮丘の和歌が「跛鼈集《ひべつ》」に残されているが、隆正は董其昌《とうきしょう》流の字を書く浮丘の手跡を褒め、その短冊を所望している。

古今集や万葉集を繙《ひもと》いて、和歌の勉強をするために書林籐善をよんで物色することが、今までよりも多くなった。

(三) 天保の飢饉——窮民を救う

浮丘が家督を継いだ文政期は米の生産も比較的順調であった。また商品（換金）作物も広がり泉佐野でも木綿・菜種などが重要作物となっていた。菜種は灯油の原料であるから、野菜と違って全国的な市場をもったのである。

十八世紀後半、平松九左衛門や新屋治右衛門などが、綿実や菜種の製油業、製糖業を行っていたが、浮丘の頃は製油業の中心は湊であった。

しかし天保三、四年頃から米の不作が続き、深刻な飢饉となり餓死者が全国的に続発する大変な時代となった。泉州もまたその惨害をうけた。

天保七年になると、いよいよ米価は騰貴し、加えて青物類も大不作となり、貧民の窮状は言語に絶し、捨て子や赤子の死体が淀川べりに漂い治安も乱れた。

浮丘はその惨害の様子と里井家による賑救策を『挾芳園《さほうえん》随筆』にこう述べている。（原漢文）

「天保四年の夏、諸国に雨多くして洪水も重なり穀物は成熟せず、冬になると米価が騰貴《とうき》して一石金二円にもなった。翌年の夏には百五十銭となったのは、府藩よりさまざまの徳政が令され、狡猾な仲買人の取締り以外にも、金穀を貧民に賜ったため米価の騰貴が止まったのである。この春より精米一升を一銭ときめて、予が家及び親族某などより村中に住む窮民に売ることにしたが、銭のない者には一戸ごとに五斗を与えた。秋になって稲が熟すると米価はやや減じて八、九十銭になったので賑救策を止めた。（省略）

ところが天保八年に至って米価はまた騰貴して京摂の間、一石の代銀は二百五十匁、江戸は金一円で一斗六升となった。吾泉州も二百二十匁、加えて初夏より流行病が蔓延して乞食や幼児の餓死せるものが道路にみちているようになった。五月廿日浪華には公より仰出された薬法があったが、我が泉州は小国であり、正月より五月十八日に至って堺の役所に届けでた死せる乞児行旅人など一万千有余といわれた」

この惨状に対して浮丘は再び米を買い入れて、貧民に廉価で一升単位に売るという救済を始めたのである。

翌年、岸和田藩主はこれを聞き、浮丘の救済策を賞して礼服を与えた。

浮丘が米価はまた騰貴したという天保八年二月十九日、ついに元大坂町奉行与力大塩平八郎が窮民を救済するために蜂起するという前代未聞の大事件が起こった。

西町奉行矢部定謙は平八郎の学殖を愛して、たびたび意見を聞き、米価の安定に努めていた。その努力の甲斐があって、やっと米価が下落に転じたが、矢部は勘定奉行になって大坂を去ってしまった。

その後に東町奉行として水野忠邦の弟跡部良弼《りょうすけ》が着任すると、幕府の命令に忠実に従って大坂の米を江戸に送ったため、米価は再び騰貴し始めて庶民を苦しめた。

これを知った平八郎は、奉行所に幾度も建白書を差し出したが無視され、自分の蔵書五万巻を売り払い、貧民に一朱ずつを与えた。

「君子の善に於けるや、必ず知行合一す。……而して君子もし善を知って行わずんば、即ち小人に変ずるの機なり」と『洗心洞劄記《せんしんどうさっき》』に述べているとおり、知と行いは一致しなければならないという陽明学を信奉する大塩は、見て見ぬふりをすることは、己を裏切ることであった。大塩にとって学問をすることは、何が正義であるかを知り、それを天下の為に実行するものなのである。

餓死者が相次いでいるなかで、富商が米を隠匿して米価を暴騰させているのに、見て見ぬふりをする町奉行に怒った大塩は、門弟や民衆を動員して、富商の蔵を打ち砕いて金穀を貧民に分けようと決起したのであった。

この事件の衝撃は上下の階層を問わず広がった。家を焼かれた民衆は怨むどころか、配布されたビラを隠し持ち「大塩様」とあがめた。各地の一揆では「大塩門弟」と称する者もあった。

下総古河の藩主土井大炊頭利位《おおいのかみとしつら》はこの時大坂城代であり、大塩を捜索、逮捕する任にあった。

その重臣鷹見泉石《たかみせんせき》は、大槻玄沢から蘭学を、大黒屋幸太夫からロシア語を、中浜万次郎からは英語を学ぶという開明派官僚であったが、大塩逮捕の指揮をとらされた。

その日記に「京、大坂辺り下々《しもじも》にても、大塩様の様にまで世のためにおぼ思し召し候儀、有難しと申す者八分通りの由」と記している。

つまり取り締る側ですら庶民の八〇パーセントが有難い方だといっていると記さざるをえなかったのである。

浮丘の「行余楽記《ぎょうよらくき》」（天保七年から天保十三年の日記）に「大坂大火、大塩乱暴」とだけ記されているが、雑記帖には大塩の最期について、もう少し詳しく記している。それはお触れ状を写したものらしいが、大塩父子が油掛町の三好屋五郎兵衛方に隠れていたところを捕手に囲まれて自殺したというものである。自分の感想は述べられていないが、わざわざお触れを写すほど強い関心があったのである。

隆正は、七年の浮丘による貧民への米の救済について『神道受用考証』に、門人浮丘の救恤《きゅうじゅつ》を褒めて、次のように記している。

「わが門人に里井孝幹といふ人あり。和泉の湊浦の豪富なり。宋、元、明、清のよき書画千幅集めんとし、天地玄黄の字号を、はこのこぐちにしるして、二、三百集まりたるころ凶作にあへり。その時孝幹おもひけるは、書画は凶年をたすくるものにあらず、それにつかふべき是につかはんとて、米をそこばくかひ（買い）いれて、その時のまづしき者に、白米一升を百文にて、一年ばかり売りつづけたり」

浮丘は隆正の著書にでるぐらい、自慢の弟子となったのである。

㈣　隆正、楽亭を援ける

隆正が佐野を去ってからも楽亭は泉州にとどまった。画を売る当てがなく、京に帰る銭もないので、しばらく泉州に逗留させてほしいと浮丘に頼み込んだ。

この頃漢学に造詣のある町人の間には、中国の『聊斎志異《りょうさいしい》』『翦燈新話《せんとう》』『水滸伝《すいこでん》』などの怪異譚が好まれていた。浮丘は楽亭が、漢籍や古典にかなりの知識を持ち、水滸伝の一場面を画に描いたりする趣向が気にいり、面白い人物だと思った。

それで貝塚の外舅菊川西涯翁に相談すると、某の庵が空いているから、しばらくそこに住んで注文画でも描いて暮らせばよいだろうという。菊川氏は代々貝塚の役人であったから顔も広い。

楽亭に図ると喜んだ。楽亭はこうして浮丘の庇護を受けて野宿の不安から逃れることができたのである。彼は翌天保八年五月まで貝塚に住み、襖絵《ふすまえ》や屏風絵《びょうぶえ》、扇子などに絵筆をふるって小金を貯めることができた。また浮丘の好意で荘子などに関する講読会にも加えてもらえた。講読会の後は、軽い宴席を囲んで懇談するのが、また楽しみなのである。浮丘は会読をしたり、書物を写して、年少者らに購読してやったりすることも好きであるが、夜には囲碁を楽しむこともあった。

五月には、岸和田梅渓寺で楽亭の書画会（個展）を催して、その書画を売るのを援けてやった。浮丘の読書グループには平松蓋丘《がいきゅう》、武井松庵（半蔵）を中心に食野、奥、中など泉州の名家といわれる家の人たちがいた。貝塚の西涯翁も時々来たが、楽亭も湊浦まで一時間余の道程をやってきた。

しかし天候が悪しく風雨が激しい時には「今日は楽亭は来ないだろうな」といいながら未練気に空を眺めるのは武井だった。彼は楽亭と一杯やりたいのであるが、対山ほどは飲めないのに、毎日酒を欠かさないのであった。京洛には同族の銭屋高松家が居を構えていたが、泉州に帰省すると、時々講読会に参加した。

武井は医師であり、中は熊取の郷士格の庄屋、奥は嘉祥寺《かしょうじ》の庄屋であるが江戸にも店舗を持っていたので、浮丘は嘉永、安政、文久年間には、さかんに江戸の奥家を通じて情報を入手できたのである。

昇平氏宅には江戸来状の写し、中外新報の写し、馬関日記、はては藤堂和泉守の上書の写しまで束にして保管されていたのには驚いた。

食野は『日本永代蔵』に述べられた唐金家と並ぶ豪商であるが、この頃は大名貸のため家産は傾き藩の援助を受けるほどになっていた。

食野には里井元徳の妹婿である文助の七人の息子のうち二男が養子に行ったが、相続した一人を除く他の五人もそれぞれ家格のある家の養子となって、家の存続を支え合い、血で繋がっていたのである。

また養子となることで、夫々が、ふさわしい家の跡継ぎとなって暮らしていけるのであり、分家を避けて養子に行くことは、また本家の財産を守ることでもあった。

浮丘が慕った伯父里井元徳（子恭、名は忠左衛門）の家は隣にあった。この頃忠左衛門家は里井一族の中心となり、縁組を世話したり、相談ごとにのっていたのである。

楽亭は、時々対山の家に武井や平松らと遊びに行った。浮丘や西涯翁も行ったが、飲みながら対山が描く画を見て勝手な批評を加えたりした。楽亭は画師であるから、対山の描く線や輪郭、墨のぼかしなどに意見をいったりした。対山はまだどの流派にも属さず、強いていえば四条派に近い画であったから楽亭の意見も素直にきけたようである。

五月八日、やっと楽亭は、浮丘に京に帰ることにしたと告げた。この時、楽亭は四十八歳になっていた。楽亭の生年は寛政二年（一七九〇）であろう。

なぜなら、楽亭の書簡には「二十六歳のとき有馬に行った」とあり、「今年は六十三歳」「もうすぐ七十一歳」などと、年が変わるたびに自分の歳を書簡に記載しているので、読む方は年代もよくわかって助かるのである。したがって一七九〇年生まれであれば、すべて辻褄があうのであった。

楽亭は、行き倒れになって死ぬところを浮丘に救われたことを忘れず、その恩顧に応え、自作の『百山水画譜』を贈った。浮丘はそれに跋を書き、巻頭に「筆飛墨舞」としるした。

浮丘が楽亭に京の落着き先を訊くと、妻の姉が上立売《かみたちうり》大宮東入に住んでいて醍醐殿に仕えているので、妻もその近くに住んでいる。自分もそのあたりに家を見つけたいと思っていると語った。

五月二十四日楽亭は「里の井を汲て　しのぎし甲斐塚の　かりの住まいをなとわするべき」と感謝のうたを記し、京の住居は中立売《なかたちうり》宝町東へ入に家を借りて移ったと知らせてきた。

今残っている楽亭の浮丘宛書簡は約百通というが、心に浮かぶことを語るが如く自由自在に書いているので、画師の生活や庶民の暮らし向きも伝わってきて頗《すこぶ》る面白い。

九月十五日、また隆正が来た。

十七日夜は隆正を囲んで武井や新川、西涯翁が隆正の熱弁を聞いた。

「私どもは、望んでこの国に生まれたわけではありませぬ。だからこそ、その幸運を心しなければなりませぬ。皆さまは博学でおられる故、すでに御承知と存ずるが、外国では弑逆にあわざる国王は甚だ稀でござる。支那は不忠を常とする国でござる。天竺は父母を棄てて出家する不幸の国でござる。西洋は不貞の国が多いと聞いておりまする。しかるに、このような国でも忠臣、孝子、貞女があれば、これを褒めているのでござる。その褒むるを見ると忠・孝・貞の三つは、万国にわたる正道であることは、疑いがありませぬ。私どもの国とても、不忠・不孝・不貞の人がないわけではありませぬ。しかれどもです。神代のむかしより、ひとたび臣下に下りし家の人を、帝王として仕えたためしはありませぬ」

「少し肌寒くなってきた」と武井がいったので、浮丘は囲炉裏《いろり》の灰を掻き分けて炭を広げ小さく揃えた柴をくべた。少し煙が出たが、すぐにぱちぱちと焔があがった。

「火は心まで温かくしますな」西涯翁が、一息入れるようにいった。

陰暦の十月で夜ともなれば、確かに肌寒い。酒が大好きな武井は熱燗《あつかん》がほしくなったのであるが、親しいといっても他の客もあるのでいい出しにくい。

浮丘は武井の求めるものがわかったので、婢をよんで熱燗の用意をさせた。

隆正もこのあたりで、と思ったらしく
「要するに君臣の名分を正しくうけ、天地の理を守り、忠義の国というは、我が国が一番なりというべきでしょう」

と話を締めくくった。

浮丘は、支那と天竺を悪くいう以外は朱子学と同じではないか、と思って聞いていた。

隆正はこの日の談話を「煙辺閑談《えんべかんだん》」と名付けて、あとまで懐かしんだ。

春だには　花に遊ばん　あらましを
　かたらひあかす　うつみ火のもと

と歌にもよんでいる。

この日、武井が披露した蘭書の翻訳書を見て隆正は、強い関心を示した。

十九日徳島から隆正の弟子瀬部春暁(春根)が来て、二十日朝二人は伊賀・上野遊歴に向かった。

だがしばらくするとやはり武井医師の蘭書が気になっていたとみえて、隆正から「武井医師が所持しておられる寄児《ケイル》全書の翻訳書を弟子の春根に写させたいと思うので拝借願えないか。その他珍しき蘭書の訳本があれば、春暁に写し取らせたいのでよろしくおとりはからい願いたい」との書簡が浮丘のもとにとどいた。

ケイル全書とはニュートンの弟子ジョン・ケイルの著書のことであるが、その蘭書を志筑忠《しづきただ》雄《お》が翻訳したもので、『暦象新書《れきしょうしんしょ》』として名高く、地動説を紹介して、天文学の発達に貢献したものである。

浮丘も武井医師から中天游《なかてんゆう》の『視学一歩』を借りている。この本は眼球のしくみについて述べた我が国最初の医学書である。浮丘は学問的好奇心が強い人なのである。

天游は江戸で大槻玄沢に学び、京都で稲村三泊《いなむらさんぱく》に蘭学を学んだ。その娘さだと結婚して、大坂に眼科の診療所を開いたが、自身は究理学（物理など）に関心を持ち、思思斎塾で子弟の教育に専心した。ここからは大坂で適塾を開設した緒方洪庵が出ている。診療所はさだに任せていたが、大いに繁盛して大成功だったという。

武井医師は、史学や漢詩にも長じていた。浮丘は『水滸伝全巻』を武井から借りているが、蔵書の量では、自分の蔵書を凌ぐのではないかと思っていた。

このような翻訳書を泉州の片田舎の医師が所蔵しているとは驚く人もあるだろうが、天保の頃、村落の医師は想像以上に和訳蘭書を所有していたのである。

ペリー来航より七、八十年前に杉田玄白や大槻玄沢らの弟子は、全国に散って蘭学塾を設立していたのである。実際にどれほどの塾があったか、和訳蘭書がどこまでつたわっていたかは不明であるが、一七七一年の『解体新書』から始まって六〇年ほどで天文学、眼科、地理学などの西洋の学問が地方にまで広がっていたとは驚くばかりである。

日本より西洋にちかいトルコ、エジプトやインドはもとより朝鮮、中国にも、これほどの西洋学の広まりはなかった。

此の頃五門の谷庄屋降井《ふるい》盛彬《もりしげ》は『もとつみはしら』『天文の窮理』という書物を出していた。盛彬は儒学、国学、洋学などの著書を広く読んで、理学的立場から物事を見ようとした人である。『もとつみはしら』には渾沌《こんとん》とした宇宙に、日本を中心とする地球が生まれたという説を述べている。

中　盛彬像

つまり洋学の知識で古事記を否定するのではなく、むしろ洋学の知識を古事記の国土創生の叙述を補強するものとして利用しているのである。

また国学者の隆正が、蘭書の翻訳書を熱心に写し取ったというのは、いささか不思議な気もするが、隆正は「神仏習合」をもじって「蘭学習合」の徒といわれた人である。西洋の理学も渉猟しながら自説の神道学を補強し、また西洋の学説の間違いを糾すやり方は自説の権威付けに役立った。

山陽道から大坂・泉州の沿岸沿い、そして京から江戸へと往復する積極的な布教は、只の学者ではない伝道的使命感を感じさせるのである。師の平田篤胤も及ばぬ行動力であった。

浮丘も隆正に請われて『保建大記《ほうけんたいき》』『唐土歴代沿革地図』『銅板日本図』を貸している。『保建《ほうけん》大記《たいき》』は水戸藩の朱子学者栗山潜鋒が著した書である。保元の乱から源頼朝が幕府を開くまでを述べている。皇室が衰微して武家の天下となったのは、皇室の不徳の結果であると、上皇や天皇の不徳を非難している書である。

これらの書物は全国的にみても珍しい書籍で、浮丘の挾芳園は上方の図書館的な存在であったといってよい。隆正には経済的援助だけではなく、書物を書く上での資料の提供という援助も行ったといえるだろう。

(五) 隆正、時流に乗る

天保九年十一月三日付書簡が隆正からきた。

「武井医師からお借りした蘭書の写しが、まだできあがらないので、もう少しお貸し願いたい。当分播州に引籠るが、三、四年の内には出京するつもりです。楽亭が昨日御地へ行くというので、拙著『活理抄』四冊を持っていってもらいます。お取り置きください。お代は二百疋です。委細は楽亭より御聞くださ い」とあった。『活理抄』とは文法研究の本である。

『活理抄』をくれるのかと思ったら四冊で二百疋なのか、一冊が二百疋なのか、よくわからないが、十文が一疋、百疋は一千文で金一分である。米が約五升というところか。一升は一・八キロだから五升で九キロである。現在の価格では四千円前後する。「お取り置き下さい」とは、差し上げるのではなく、その値段で取ってくださいということらしいのである。

この時、隆正は播州小野藩の藩校帰正館で国学を講じていたが、世に学者として頭角を現すには、京こそふさわしい処だと信じていた。それで機会をみて、京で私塾を開きたいと考え、上京した折には、どこかによい場所はないかと物色していたのだ。

天保十年四月二十四日、隆正が弟子の伊与太を連れて湊浦にやってきた。この時、武井医師から借りた蘭書の翻訳書を返却してくれた。

「紛失すれば、金子を積もうと入手しがたき書物」なので、浮丘は返してもらって、ほっとした。

隆正は二十九日に出立するまでの間に、浮丘の和歌を添削したり、地元の春日大社に参詣した。夜になると、甘いものが好きな隆正は最中や草餅に舌つづみを打ち、京で塾を開く夢を語った。

「来年あたりには、家内もよんで、二条木屋町の賃桟敷を借りて暮らすつもりです。その時はお知らせします故、御上京の節は、是非御逗留ください。ただこのことは、未だ小野藩に内緒にしていますので、どなたにもいわないでほしいのです」

と嬉しそうにいった。

翌年の天保十一年三月、隆正から無心の書簡がとどいた。

『神字原』の彫にとりかかって三分の一ほどできたが、この費用と京へ引っ越すための出費などでどうにもならなくなったので、『神字原』助成のために十両を出して下さるまいか。後年『神字原』がよく売れれば、この十両は百両にもなるものです。偏《ひとえ》にこの節の難儀お救い下されたくお願い申す」というものである。

浮丘宛ての書簡は保存されているが、浮丘が差し出した書簡は残っていないので、浮丘がどのような返事を出したのかわからないが、十両は浮丘にとっても大金である。そうそうには出さなかったと思いたい。

このあとも隆正から「書物代をお届け下さい」といってきた。その代金というのは、浮丘が注文したものではなく、「著述・草稿いろいろ出しているので、金二両を川西屋要助方へ野之口下向の節は、渡してくれるようにと書付を添えてお出し下さるようお願いします。右金子に応じて著述や草稿本差し上げ申します」というものであるが、本音は寄付を頼んでいるのである。

それは「大坂で少々入用のことがありますのでお願い申し上げます」という一行でわかる。

隆正の無心は書籍代という名目による寄付だけではなく、火事で家が焼けた時も、難儀しているので都合をつけてほしいといってくるのである。これもすぐに用立ててもらえたらしく、隆正から「早速に忝い《かたじけな》」との礼状が届いている。

天保十二年、隆正は正式に小野藩の帰正館を辞して、京都で報本学舎を開いた。だが帰正館の教授には、徳島藩の長手進を養子にしていたのを正武と改名させ、長女の婿とし、これを就任させた。そして自身も時々小野に出講することにしたのであった。

三月は浮丘が楽しみにしている京の花見に行く季節である。今年は、妹千賀が楽亭の周旋で、有栖川宮家に奉公することがきまったので、その様子見もあり、また隆正の木屋町の住居を訪ねたいと思っていた。

隆正は報本学舎を拠点にしてここに多くの同志を集めたいと熱望していた。『嚶々《おうおう》筆語』は仲間を集めたい一心で書かれた随筆集である。「嚶々」とは「仲間を求めて啼く鳥の声」に似せて、同志をつのるよびかけという意味である。これには隆正を筆頭にして、国学の同志らの小論が載せられている。

木屋町の住居は静かで風情があり、川端には飲食店も多くあった。隆正は執筆もせず寛いで浮丘を迎えた。浮丘が雑談で貝塚のキツネが死人に取り付き、地獄・極楽の有様を人々に見せたという噂を話すと、隆正は非常に興味を持ったらしく、乗り出して聞いた。

「キツネ憑きの話などは、沢山ありますが、これは珍しい話ですな。閻魔《えんま》も所詮は人間のつくりしものにて、残忍な人の霊がつくりしもの。鴛鴦《おしどり》は御存知でしょうな。古典では愛の字を〈オシ〉と読みます。鴛鴦を〈おし〉というも、あい愛《おし》む鳥なればこそ、そう呼ぶのです。人を教え導く者は、まず万民を愛《おし》と思い、人を善導に導くことを心がけるべきです」

浮丘はついこの間、五門の降井《ふるい》盛彬《もりしげ》からもらった『幽顕一元話』を思い出した。それによると「鬼は幽界の怨霊に通じるもので、人の心が生んだ幻想であるが、狐は顕界の一部で人と意見を通じさせることが可能である。どちらも怖れるべきものではない」というのだ。盛彬は人々が、自らが造りあげた幽霊や怨霊を恐れるあまり、日頃の生活の幅が広がらないのを残念に思っていた。

仏教、儒学、国学のどれか一つで物事を見ようとすると、偏見に傾き本質を理解できなくなるという。盛彬は人々が祟りを恐れて、生活が消極的になるのを止めさせるために「幽顕一元話」を書いたのである。

江戸時代は妖怪変化の跳梁が最も盛んな時であった。お化け、幽霊、怨霊《おんりょう》、死霊、狐憑き、猫化けなどが日々の話につきることがなかった。人々が呪いをさけるために払う祈祷をやめさせ、恐怖をなくして健全な日常をすごせるようにしたいと書いたのですと、盛彬は話したのである。

浮丘が子供の頃に描いた一つ目小僧の事を思い出していると、隆正が小さな手で煎茶の急須に湯を注いで、茶を勧めた。

「国学は本来の我が国の学問だと思うので、本当は〈本学〉とよんでもらいたいのですよ」

「この話は『幽冥備考《ゆうめいびこう》』に入れたいと思いますので、帰られたら、噂の詳細をもう少し調べてお知らせ下さるまいか」といった。

これを聞いて浮丘は、この人は一体何冊の本を書いているのだろうと感心した。

嘉永年間になると姫路藩や福山藩からも招かれ、国学を講じたり、関白鷹司政通に閲して皇室の復興を説いた。

嘉永四年にはついに津和野藩主から原籍に復され、藩校養老館の国学教師となったのである。隆正の得意や思うべしである。

このような得意絶頂期の嘉永五年春、隆正は自慢の弟子で、娘婿の正武を連れて里井家を訪れた。

隆正は弟子も増え、旧藩主からも五人扶持を給されることになったと嬉しそうに話した。

翌日隆正は一人で熊野街道筋にある蟻通《ありとおし》神社に出かけた。この神社には、紀貫之が馬で通りかかったら、馬が進まず、明神の祟りとわかって和歌を詠進したら進むことができたという隆正が好む伝承があり、大国主命を祭神としているのも気に入っていた。

蟻通神社は戦時中に陸軍の飛行場建設用地になったため長滝に移転した。元の場所を示す石碑は国道二六号線と関空連絡橋が交わる付近にある。広さは元の神社よりずっと狭くなり、鬱蒼とした森林や松並木も無くなっている。

翌嘉永六年隆正は三月、徳川斉昭に謁見した。尊王論者らから注目されるようになったのは、一つは鈴屋大人五十回忌祭で桜をよんだ「あさ日かげにほふさくらの木の下による人おほく世はなりにけり」という歌が、天皇を慕う民の心情と、国の要たる天皇を詠んだものとして尊王論者たちに歓迎されたためといわれる。

五月になると、水戸の徳川斉昭に『学運論』と『文武虚実論』とを献上した。前者は賀茂真淵や本居宣長はうずもれていた皇国の古道をおこしたが、この嘉永六年は神武天皇即位二千五百七年にあたり、学運も改まり新気運が到来すると主張したものであり、後者は「日本国は武国なり」といい、海賊を退け、反逆を抑え、朝廷の威を守り、太平を打ち立てるべきだと述べているが、いずれも斉昭の意にかなった内容であった。

こうして隆正の国学は時流に乗って発展し、江戸、京、播磨、津和野を行き交いする忙しい身となった。著述も多くなり安政二年『馭戎《ぎょじゅう》問答』を著し、「野之口一家の学流をおきては、外国人に応接すべき国学は、今の世にたえてあることなし」と主張して、夷敵を無暗に排除するのではなく、外国から進んだ技術を学んだうえで、先ず強国とならねばならぬという大攘夷の立場を明らかにするなど、その主張は安政開国の方針のなかで時宜にかなったものとなっていた。

四年には『学統辨論』で自分の国学は荷田春満、賀茂真淵、本居宣長、平田篤胤の国学四大人の学統を継ぐものであることをあきらかにした。つまり自説の正当性を主張したのである。津和野藩士福羽《ふくば》美静《びせい》は、京都で隆正の報本学舎で国学を学び、帰藩して養老館教授となっていたが、文久年間より京都での政治的情勢が急を告げると、藩命により京都で情報の収集につとめた。その間に長州藩尊攘派と結びつき、津和野藩主をも長州藩と結びつけることに成功する策略家である。隆正は文久二年、福羽美静と会った。福羽は「貴方は津和野藩主の信頼が厚い故、今は帰藩して藩公の諮問に応えられるべきです」と勧めた。

そこで隆正は津和野に帰り藩主の諮問をうけ、その命で薩摩、長州二藩主の賞揚歌をつくったりした。

十二月、岩見国大国村で大国主神の古跡を発見して、姓を野之口から大国に改姓した。また尊王攘夷運動の高まりにつれて、講演や史跡の調査を頼まれることが多くなり、泉州にまで足を延ばす暇はなくなった。隆正の眼は江戸の為政者の動きに注目するようになっていった。

三　京坂文化人との交わり

(一) 木村蒹葭堂と頼山陽のグループ

将軍吉宗の頃、上層町人の支持を得て大坂に懐徳堂が創設され、町人学者が輩出した。なかでも富永仲基《とみながちゅうき》や山片蟠桃《やまがたばんとう》などの逸材を世に出し、町人の学塾として広く知られた。続いて石田梅岩の心学の講義が京都でおこなわれるなど上方の町人の教養は高かったのである。

その代表的人物が大坂で、酒造業を営む坪井屋吉右衛門こと、木村蒹葭堂であった。上田秋成、大槻玄沢、司馬江漢、谷文晁、建部綾足《たけべあやたり》(俳人・絵師)、太田南畝などと交流した。

上方の画家では丸山応挙や、与謝蕪村、池大雅がしばしば訪れている。浮丘と交際した岡田半江の父米山人や篠崎小竹の父三島、小石玄瑞の父玄俊なども木村蒹葭堂と親しく交わった人々である。

頼山陽は、もう少し下って文化・文政期に現れるのであるが、山陽の父春水も蒹葭堂に集まった学者の一人であった。

蒹葭堂亡き後、岡田半江、篠崎小竹、小石玄瑞、頼山陽などの二世が、互いの書画に共感し、飲食を共にして詩作に耽るという緊密な交友を持ったがその中心になったのは頼山陽である。山陽も画を描いたが、彼の魅力は人々の精神を高揚させる浪漫的詩人の才があったことである。有名な『日本外史』が彼の名を後世に残すことになったが、『日本外史』は、それまでの歴史書とは全く違った。ほとんど資料を渉猟せず簡潔にして功妙な文体で、人物を躍動的に叙述したので人気が高まったが、彼の死後に出版されたのであった。

山陽が文政五年（一八三二）に五十歳で没した時、親友であった篠崎《しのざき》小竹《しょうちく》が四十九歳、岡田《おかだ》半江《はんこう》が五十歳、田能村竹田《たのむらちくでん》が五十五歳、小石玄瑞《こせきげんずい》（医師）五十一歳であった。この四人は年齢もほぼ同じで、仕官する気はなく、同じ芸術的価値観を持ち、優れた作品の鑑賞や芸術論を交わした同期生というべき仲間であった。

頼山陽が遠くに去った頃、里井浮丘は二十四歳で父と死別した頃であり、この当代一流の文化人らと接触する機会は、まだなかった。彼が山陽グループの生き残りの人々と親交をもつようになるのは、十五年近い歳月が経ってからであった。

木村蒹葭堂がなくなったあと、京坂の文人が競って泉州佐野湊にくるようになるのは、浮丘の別邸「挾芳園」の書画を見るためであった。

蒹葭堂は江戸と山陽道を結ぶ大坂にあった。したがって東西を往復する文化人は足を運びやすく、博物館としてその名を全国に広めた。来館する著名人は百人をこえた。

浮丘の挾芳園《さほうえん》は大坂から紀州にしか通じない熊野街道に沿った町である。書画を見るためにだけ泉州路を下るのは、かなりの決心がいることと思われるが、それでも上方の名のある文人墨客が競って見学におとずれたのである。

小竹は京坂での漢詩文の第一人者として門人が多く、浮丘も長男を小竹の塾に入門させている。そこで篠崎小竹や小石玄瑞について少し記したい。

篠崎小竹

山陽亡き後は、詩文と書にすぐれた篠崎小竹が詩文の重鎮とみなされた。小竹は官の招聘にも応じず、だが反骨でもなく、町の私塾で多くの子弟を育て、頼まれれば墓誌や序文・詩文を書いたので人気が高かった。

昌平黌《しょうへいこう》で古賀精里に学んだ。隆正も古賀精里の門に学んだが小竹より十歳ほど若い。隆正は音韻学の方面に進んだが、小竹は朱子学系の儒学を修めて大坂に帰り、養父の梅花書屋を継いだ。見識ばらず町の儒学者として篤実の風があり、太り気味で声は大きく、ひそひそ話すのは嫌いであった。全国から入門する者多く、門弟は千五百人を超えていたといい、篠崎家は儒家の鴻池とまでいわれた。しかし衣服飲食は質素で見得をはらず、平易で明白な言動を好んだ。

京坂の文化人の書の序文の多くは小竹の筆になる。山陽が江戸遊学の帰途、大坂の篠崎家を訪問して小竹と会ったが、これが二人の最初の出会いである。この時山陽が江戸での自慢をしたので、小竹も東上の志をもち、十九歳になって江戸遊学を果たした。帰阪すると広島にいた山陽をよび以後二人の親交が続いたのである。

浮丘は京からの帰途、尼崎の篠崎小竹《しのざきしょうちく》の私塾梅花社に重太郎を伴い入門を頼んだ。時に小竹五十九歳であった。

浮丘が玄関で「お頼みもうーす」と叫ぶと、春なのに、まだ綿入れを着た、ずんぐりした老人が出てきて「僕、長左エ門です」といった。浮丘は驚いて一瞬挨拶するのを忘れた。

小竹は取り次ぐ者がいない時に訪問者があると、自分で門まで出て行って自己紹介するのだった。物にこだわらないのが小竹のよさである。

上戸であるのに甘いものが好きで、虎屋の饅頭に目がなかったのに、胃腸の調子が悪くなり、虎屋の進物がくると家人は隠した。やがて寝に着くようになり、ついに吐血して何も食べられなくなってしまった。

浮丘は西国第一の儒者といわれる小竹の書簡は別に取り揃えて保管していた。巻物にして残すつもりのようだったが嘉永四年五月、小竹は大坂の尼崎で没した。七十一歳であった。

小石玄瑞

玄瑞の父元俊は杉田玄白や大槻玄沢に蘭学を学び、また皆川淇園《みながわきえん》には儒学を学んだ。帰京後は、名医として名高く、平戸の松浦静山侯とは淇園の同門として親しく、その親密な関係は小石家三代まで続いた。静山の『甲子夜話《かっしやわ》続編』には小石玄俊のことが、親しげに記されている。五十歳になった元俊は子の玄瑞を篠崎三島（小竹の父）に入門させた。この元俊の子と三島の子小竹は三歳違いの兄弟のように睦まじくなり、生涯の親友となったのである。

玄瑞は父なき後、父が創立した小石塾究理《きゅうり》堂を継いだが生涯を通じて、千人の入門者を数えるほど発展させた。

その門籍帖をみると、泉州出身では「岸和田藩　井上通一　廿七」とただ一人だけが記されているのは、少し寂しい。

玄瑞は医師としても、文筆においてもすぐれていたので、自然に高名な文人らとも交わるようになり、田能村竹田、広瀬淡窓《たんそう》、箕作阮甫《みのつくりげんぽ》らとも親しく交際したのであった。頼山陽が世に出る機会を得られたのも、玄瑞によって、諸方に紹介されたことが大きいといえよう。

浮丘の五十歳の賀宴に参加した玄瑞は、他の著名人に混じって記念帖のような巻物に祝辞を書いている。

当時の京坂画人たちを大きく分けると、狩野派系と円山四条派系と、それに南画・文人画系の三つであるといわれる。

(二) 上方の画人

庶民に人気があった浮世絵は上方では、あまり発展しなかった。その理由は版画なので肉筆より一段低く見られたこと、春画・美人画・役者絵が廉売されて、美術品と見なされなかったこと、丸山派らの絵師が多く、その花鳥画を好む風潮があったこと、上層町人の趣味は、高尚な向学的傾向があり、通俗的な芸を排するという気風があったことなどが考えられる。

十八世紀後半からには、江戸より上方が文人・画人の中心地といってよく、活躍するのは概ね文人画の画家たちであった。文人の描く画を文人画というのだが、文人とは読書家、詩人、書家、そして画も嗜《たしな》む人のことである。中国では士大夫のことであり、以上の教養の外に箏《そう》・笙《しょう》、琵琶などを弾けることが文人の要件とされている。

「文人画」は、中国では士大夫の描く画として見られた。士大夫には、地主階級出身の官僚が多かったが、退職しても悠々自適の生活のなかで、画を描き自ら娯しみ、また同好の士と鑑賞し合い、それに詩や賛を互いに献じて愉しんでいた。その画は売るために描くのではないといわれ、少し画が拙くても、画に気韻があり詩が感じられればよいとされた。要するに日本にはいない規模の大地主出身者たちなのであるが、実際には彼らとても望まれれば画を売っていたのである。

日本の文人画は池大雅と蕪村が大成したといわれる。最初は清国から入ってきた『八種画譜』や『芥子園画伝《かいしえんがでん》』を参考にして稽古したのであろうが、やがてこの二人は日本独自の文人画を創始した。私はこの二人の画が大好きであるが、どちらかといえば、蕪村に惹かれる。自由な発想、奇抜な構図、崋山に一脈通じるような洋画的技法が見られるのが新鮮である。その後に文人画の命脈を継いだのは、浦上玉堂と岡田米山人である。そして彼らが退場した後の第三期に出てくるのが田能村竹田・米山人の子の岡田半江、浦上玉堂の子の春琴であった。彼らはみな、京坂に住まいして、互いに行き交い水墨画を描き、詩や書を贈って愉しんでいた。彼らはその墨画を売ったが、漢学の教養がその詩や書にも現れていることが、優れた作品として評価されるのであった。

日本では中国のような士大夫という階級はなく、求められれば売ったというが、「求められればば」というのは微妙で、売ることを前提に描く者が多いのが現実である。もちろん池大雅や蕪村でも売ったのである。現在の「美術年鑑」のようなものはないが、画人の画の価格が一覧表に印刷され、世間によく知られていた。日本では厳密な意味での文人画の画家はいなかったといってよい。

中国でも高名な明の董其昌《とうきしょう》や張瑞図《ちょうずいと》なども画を売って蓄財しているのだ。

(三) 浮丘の好きなこと

浮丘の趣味は多いが、何といっても、読書であり、文章を書くことである。

自分の読書記録や書物の購入などは、日記『行余楽記』に書きとめているが、国学に入門してからは従来の漢学以外に国学関係の書物も読むようになったので、読書範囲は随分広くなった。漢詩のほか和歌も詠むようになり、佐野の和歌会の指導もするようになったのである。

天保十年、秋に入って少し涼しくなり、日が暮れるのが早くなると、浮丘は司馬光の『資治通鑑《しじつがん》』を書林籐善から取り寄せ、全編を読み通す決心をした。

しかし『資治通鑑』は三年前の天保七年十一月に読み始めたとあり、翌年十二月には十三本を返すと日記にある。

その記述から考えると、借用した数冊を読んだものの、本格的に読むために思い切って購入したと考えられるのである。

楽亭らと会読した『十八史略』は『史記』・『漢書』・『三国志』など十八史を選んで簡略化した史書で通俗的であるが、それでもこれを読み通すことは大変である。

それにもまして『資治通鑑』は紀元前五〇〇年から紀元後一〇〇〇年にいたる一五〇〇年間の中国史で、二九四巻あるという膨大な史書である。字数は史記の六倍三三〇万字、一万ページの膨大な書籍であり、大抵の人が読破する決意で挑むが挫折するという。

私は偶然堺市図書館でガラス戸棚に展示されている『資治通鑑』を見て驚いた。写真のように和綴じの書物が山のように積まれていた。

浮丘は購入した『通鑑』前編を、翌日から読み始めて、翌十月には読了している。そして同日に正編を読み始めたと記しているが、『通鑑』全編を読了したという記録はない。

また浮丘が読了した前編というのが、どこまでなのか、よくわからないし、正編というのもよくわからない。しかし楽亭が、次のような書簡を寄越しているところをみると、浮丘の読了したという知らせをうけた返事であることから読み通したのであろう。

「『通鑑』ご卒業のよし、さてさて大層な御手柄でその御勉強ぶりには感心いたしました。お楽しみ多く珍重珍重。此の頃はまた八代集を御初めの由、ある人に、御書簡を見せますと、驚いていいますには、京の和漢学業の人ですら、是程に勉励する人はいません、と大層感心していました」

隆正からも「『通鑑』を読み通されたとは大層なことです。感服致しました」という書簡を送ってきたことを考えると、これを読み通す人は稀だったのであろう。

ただし日記『行余楽記』に正編を読み始めたと記された後は、今までのような読書記録はなくなる。それはこのあと、妹千賀の御殿奉公のことや対山の後援活動、挾芳園の整備、京での展観などで大忙しとなり、ゆっくり落ち着いて読書する時間がなくなったためだと思われる。

浮丘は家督を譲る数年前から、「早く家督を譲って、読書専一の毎日をすごしたい」といっているが、それが許されるようになるのは、あと二十年たってからである。

資治通鑑（堺市図書館展示）

講読会も好きで、平松の聴波亭や武井の好仙楼、そして浮丘の挾芳園で、時には対山の画室である茅《ぼう》海草堂《かいそうどう》に集まった。詠むのは『三国志』『水滸伝』『史記』『唐詩』など中国書が多かった。富裕な町人や地主、僧侶などが読書会を持つようになったのは、寛政年間松平定信の学問の奨励が始まってからだといわれる。

浮丘は知的交流を楽しんでも、書画や詩文で名を高めたいというような欲望は持ち合わせなかった。親しい仲間らと純粋に知的交流を楽しんだのであった。そこは木村蒹葭堂《けんかどう》と同じだといえるのではないかと思うが、一芸にのめりこんで家業を顧みないという者はいなかったのである。浮丘をはじめとして、多くの上層町人は複数の学芸や趣味を持っていた。

知人の子弟の教育をするのも好きだった。頼まれると喜んで、好きな書物の一部を写して講釈してやっている。

松童に『養生論』を書いてあげたり、『左氏伝』を講じ始めていること、梅泉に『史記列伝』の一部を書いて講釈したことが日記に記されている。

しかし論語などの素読を強制したり、孔孟の教えを絶対視して説くようなことはなく、むしろ一緒に楽しみながら読む人であった。

梅泉は貝塚の商人泉久の養子で、定期的に浮丘の教えを受けにくる門人である妹千賀が『五経』を読み終わると、『古文真宝《こぶんしんぽう》』を写して、素読を始めさせてもいる。

平戸でオランダとの交易が始まった一六〇九年に京都で最初の書店ができた。その書店では、はやくも室町時代に伝来した中国詩人選集『古文真宝』を置いていたという。中国の名詩や文章を集訳したこの書は、初心者にわかりやすく江戸時代に人気があった。

十五歳違いの妹は、天保九年には二十五歳であったから、それまでに兄に漢文を仕込まれて相当の知識を身に着けたに違いない。

書肆《しょし》は籐善や堺新、柏原屋善助がよく出入りして目録を置いて帰ったので、普段は目録から書籍を注文していた。

当時の知識人は漢詩が好きで『赤壁賦』は大抵の人が暗唱した。

浮丘は梅泉にその一部を書いてやり、外舅西涯翁のために「前赤壁賦」を書いている。浮丘もお気に入りの漢詩であったが、当時の書家は「赤壁賦《せきへきふ》」を書くのが目標であり、画師は「赤壁画」を描くのが夢であった。

「赤壁賦」は宋の詩人蘇軾《そしょく》（蘇東坡《そとうば》）の詩である。彼は剛直で、しばしば時政を批判したため、地方官に左遷された。一〇八二年旧暦七月、友人二人と船頭の漕ぐ舟で長江を下り、赤壁での激戦に想いをはせ、名月を仰いで英雄曹操《そうそう》をしのびつつ、大自然の前では英雄も、凡人も何ほどのことがあるかと、友人と酒杯をあげて憂いを忘れたという有名な詩である。このあと蘇軾は十月に再び赤壁を訪れて作詞した。七月の詩は「前赤壁賦」といい、十月の作詞を「後赤壁賦」と称している。

この「赤壁賦」を絵画化したのを「赤壁図」というが、南画家の好む画題であるらしく中国の画家は別にして、池大雅や彭城百川《さかきひゃくせん》はもとより対山も赤壁図を描いている。貫名海屋もいつか「赤壁賦」を書きたいものと望んでいたが、嘉永四年七十四歳の時、屏風に筆を振るって大作を書いた。

浮丘は松本研斎から　董其昌《とうきしょう》流の書を学んだので、泉州では書家としても名高く、豊田耳山の『泉南集』の序を書くなど写本、序文などを頼まれれば筆を振るった。また泉光寺や要眼寺などの寺院のために書をなした。

また薬種商人に頼まれると、「解毒丸」や「疥癬《かいせん》薬」「太補湯」「益気湯」の招牌なども書いている。日記には泉光寺や貝塚での中楽を観賞し、『船弁慶』や『鉢の木』『高砂』などを聞いたことが記されている。春の上京時には、御所での能を楽しみ、安政三年には奈良にも足を伸ばして、興福寺の薪能を見物した。自身も謡曲本を見ながら謡ったのであろうか、謡曲本が数冊残されている。

また浮丘は音楽を聴くのも好きで、娘や親戚の子女の弾く琴にしばしば癒されていたようである。囲碁は黄昏時から夜にかけて、平松や食野など近隣の親しい者と気楽に碁盤を囲んでいるが、時には遠路からの客とも石を並べた。日記には「三局、敗」などと勝敗についても記録している。

㈣　春秋の上京

春・秋の京上りは浮丘の大きな楽しみで、佐野から乗船するのが常である。

船旅は荷物を担がなくてすむのが何よりであるが、大坂の天満橋に着くのは半日がかり、淀川から木津川を遡って、宇治に着くと夕刻近い。つまり一日がかりである。

しかし下りは半日ですむため、大坂で下船して遊ぶ人も多いのである。

若冲《じゃくちゅう》の巻物画「乗興舟《じょうきょうしゅう》」には、伏見を出た船が大坂まで下る沿岸風景が描かれている。行き交う船や遠くの山影なども描かれていて、若冲が船旅を楽しみながら絵筆をとっていたことがうかがえる。宇治川が桂川と木津川に合流するのは淀の辺りで、それがよくわかるのは山崎である。石清水八幡宮の丘の上からよりも、橋の上から眺めるとよいが、春は堤防の桜並木が有名で花見客でいっぱいになるので見えにくい。

浮丘は京都へ行くには、いつも船であったから、伏見までこのような景色をゆったりと眺めながら、時には枚方あたりで、くらわんか舟から餅などを求めたことであろう。

「酒くらわんか」「餅くらわんか」といいながら酒・餅・飯・すし・煮豆腐・ごぼう汁・煮しめ

などを売る船をくらわんか舟といったのであるが、仲間同士では茶舟といった。餅はあぶって串にさしたのに味噌を塗って田楽にしたものである。

藤井竹外は森田節斎と並んで頼山陽門下の双璧といわれた人である。高槻藩士であったが、晩年は藩を辞して京に暮らし、専ら詩作に耽った。淀川沿岸の風物をうたった詩が多い。その詩に「花朝に殿江を下る」（陰暦二月淀川を下る）というのがある。

桃花　水暖かくして　軽舟を送る
背指《はいし》す　孤鴻《ここう》の没せんと欲する頭《ほとり》
雪は白し　比良山の一角
春風　猶お　未だ　江州に到らず

何度も淀川を上り下りしている浮丘も「淀川船中」と題する漢詩をつくっているが、竹外と違って現実的な詩である。

「淀川船中」
暁の風　骨に徹して　夢醒む

篷底《ほうてい》に蠖屈《かっくつ》すれど窓は開かず
木津の頭《ほとり》に伏して咫尺《しせき》に応える
鶏声頻りに枕頭に落ち来る

浮丘は三十石船は利用せず、潮の満潮時を利用して自家用の小型船に乗ったようである。

安藤広重『淀川の船旅』（19 世紀前期）

小さな帆を張り、船頭が櫓を操ったが、狭くて船が揺れれば身体にこたえたであろう。

下りの船に乗って滑るように淀川をいく心境ではない。下りは半日ですむが、登りは一日がかりで京の伏見に着くのであった。したがって浮丘の詩はあまり詩情がなく、むしろ船旅の苦痛をうたっている。

「寒くて眼を醒ます。窓の開かない船底に尺取虫ように屈んでいる。伏水の畔《ほと》りの近きにいると、枕辺に鶏声が頻りに聞こえた」

というものである。春秋の一日を狭い小舟に乗っているのは、肌寒くて、疲れるのだ。

隆正が去って間もない天保八年十月、浮丘は京の秋を訪ねた。着いた翌日は、楽亭を訪問して久しぶりにくつろいで話をしたり、京の高松氏を訪うたが、少年時代の書の師松本研斎の墓に詣でることは忘れなかった。

九日は高雄山に遊び、紫野大徳寺に詣った後、十一日乗船、十四日までは浪華に留まり、十五日に帰宅した。筆まめな楽亭からは早速に、御上京の節は御馳走になってしまいましたという礼状がきたが、夜には荘子を読んでいると述べてあった。浮丘らと荘子を輪読したが最後まで読み切れなかったので、その続きを読んだのであろう。

ところが浮丘は、十二月に入って何となく頭が重く疲れやすいと感じていたが、年末から高熱に襲われ人事不省に陥ってしまった。今でいえば一種のインフルエンザか肺炎の類と思われるのだが、母の献身的な看護と祈願で死地を脱することができた。思えば三十二歳のとき、頭部に瘡を生じて顔面にも広がってきたとき、母に連れられて紀州の竜神温泉に湯治に行き十日余で全快したことがあった。浮丘は慈母の深い愛に感謝しつつ、やっと正月も過ぎ二月頃から漸く快方にむかい、杖で歩くこともできるようになった。そしてそれを祝うかのように三男が生まれた。この人がのちに高山家に養子に行き、初代の堺市長になる寛三郎慶孝である。

浮丘は、このときの母の有難さを、歌に詠んだ。

引きとむるおやのちからに死出の山
　ふもとのみをぞ見てかへりけり

　四月には杖をついて屋敷の外へも出かけられるようになったが、この年は遠方への遊楽は避けるようにした。

　療養中、武井医師や平松蓋丘の世話になったので、快気祝いとお礼を兼ねて二人に贈物をした。武井には「刀圭之功」つまり薬の処方のことで、医師への謝礼であるが、金三〇〇疋と蛇皮・絹一匹、周之晃花鳥一幅を。平松には金十円と蛇皮・絹一疋、明画帖・史記一部を贈った。「蛇皮」について西陣織物工業組合に訊くと、脱皮した蛇皮が絹のような繊細な光沢をもっていたので珍重され、縁起物の一つにもなっていたという。

　しかし母は看病で疲れがでたのか、中風が出て、その後も起き伏しの生活となり、翌々年の秋、浮丘四十二歳の時、この世を去った。

㈤「挾芳園《さほうえん》」をめぐる人々

挾芳園は浮丘の先祖、特に祖父の頃から蒐集した中国画や珍しい書物などを収めていた。幕末になると京・大坂では博物館兼図書館として名を知られるようになった。

浮丘はこの挾芳園の主人として京坂の文人は元より、名古屋、九州の文人からも尊敬されたが、また彼らから後援者としての期待も寄せられていた。

天保十三年になると岡田半江、小田海僊《かいせん》、貫名海屋《ぬきなかいおく》と門人、画人忍頂寺梅谷《にんちょうじばいこく》などや地域の名士たちの「挾芳園」来観が相次いだ。二月廿日、大坂画壇の中心人物岡田半江が湊浦に来て二十五日に帰ったが、三月一日、今度は子息の九茄《きゅうか》が来た。半江父子が湊浦へ来たのは、もちろん挾芳園にある中国書画を観せてもらうためであった。半江が下見に来て、これは本物だ、と思ったからこそ息子にも挾芳園に行くことを勧めたのであろう。そして三月廿四日には、浮丘は、対山を連れて半江宅を訪問するのである。

更に半江の堺の門人橋本桂園も続いて来た。半江は疲れた時や気分が塞いだ時には、桂園のところに行ってしばらく休養するほどの親しい関係を持っていたのである。

浮丘は以前から、来園者の制限が必要であると感じていたので「展観例」（見学規則）を制定することにした。それを促したのは台所方が悲鳴をあげたためである。遠方から来るものはともかく、地域の参観者は飯にありつけると聞いて、空腹を満たしに来る者もあった。飢饉がひどく物価が騰貴しているときには、親類縁者まで連れてくるのには閉口したようである。

伊藤蘭嵎の書いた挟芳園の題字

「挟芳園所蔵書画展観例」（見学規則）（原漢文）

「挟芳園」は伊藤仁斎の息子、東涯の弟蘭嵎《らんぐ》が命名し、その題字も書いた。浮丘は「展観例」前文に展観規則を定めなければならなかった理由を次のように示し、理解を求めた。（原漢文）

「孝幹が所蔵する先代からの遺物に加え、近日得たところの書画は僅かで、老後に些か鑑賞する楽しみに充てたものです。しかるに収蔵の目的が、世間に誤って伝えられ、近来は諸先生の来観が相継いで、はずかしいことです。孝幹はただの野人にすぎないのに、海内の有名諸家の知愛を蒙るとは実に私の喜びです。しかるに家業は寸暇もない状態であるにかかわらず、毎年参観者は増え続けて、酒食の供応のため厨は鼎《かなえ》の沸くがごとき忙しさとなり、家人の悲鳴は私の憂うるところとなりました。それで友人と相談して、展観八則を定めることにしました。これ以後は諸氏の御留意を賜り、この規則に違わないようにしていただければ孝幹の幸せとするところです」

以上のような前置きのあとに具体的な禁制が例示されている。

一、初めての者は紹介状が必要である
二、一日十種の外、観ることを禁じる。
三、風雨の日の雨具や防寒具の持ち込みや夜の飲酒は禁止する。
四、小村の民は礼節を知らないので、接待の際に敬を欠くことがあっても許されたい。
五、僻地はいつも多くが不足して、都会の贅美に比べようもない。多忙の際、俄かの賄《まかない》は準備ができかねる。孝幹は飲食の人を断るのは潔しとせず。唯玄米の飯と濁酒《にごりさけ》のみで空腹を癒されるように。諸君孝幹を吝《りん》と思われないことを願うのみである。
六、宿は貸さないが、年来交際している者はこの限りではない。
七、五月から八月、十一月から明年正月までは仕事が多忙のため閉鎖する。
八、願わくは諸君、書画や詩文を孝幹は子孫に伝え、莫名を千載に残すことを願っている。所蔵の書画は多くはつまらぬ品であるが、なかには珍しいものもある。しかし寒家なので、胸壁がある。書画の模写は謝絶せざるをえない。原本を汚染する惧れがあるためなり。

私は敢えて一個人の愉しみを供するのにやぶかさではないのです。

「一日十種の外、見ることを許さず」とは、少しきびしいようである。しかし今の美術館や展示館は科学的な管理がなされた場所に、ガラスを隔てて展示物が常時陳列されているが、当時は巻物であって、客の注文によって箱から出して広げるのである。だからその手間や書画の傷みを考えると、観てはもらいたいが、制限せざるをえなかったのである。

「挟芳園のスケッチ」　森島忠夫筆

「挟芳園」蔵の書画の多くは、先代が購入した張瑞図や呉徴、姜師同、藍田叔、孟龥などのほかにも、徐霖、徐葆光、李如松、黄晋良、王詩などの中国画が多かった。

皆川淇園《みながわきえん》、対山、野呂介石《かいせき》、中林竹洞、岡田半江などの画は、浮丘の代になって買ったのであろうか。浮丘が号を快園とも称するようになったのは、明の徐霖《じょりん》の画を得てから、その号をとったのであるといわれる。

「挟芳園」に浮世絵はなかったようである。やはり先に述べたように、版画という印刷物であるため、美術品と見なされなかったのかもしれない。
しかし浮丘の遺品のなかに、浮世絵数枚と銅板画一枚が残されていたのは、彼の持ち前の好き心から入手して楽しんでいたのであろう。

「挾芳園」の来園者たち

この展観例ができた翌年天保十四年から安政年間までこの参観者名簿に載っている主な人物は下記の通りである。

篠崎小竹、頼復二郎（頼山陽の第二子）、同立斎（復二郎の従弟）、貫名海屋（書家）・岡田半江・同九茄（半江の子）・小田海僊・忍頂寺梅谷（海僊の門人）・浦上春琴（画家）・鈴木重胤（国学者）・田能村小虎（竹田の養子）・八塚猿丘（五条の素封家）・僧月性（勤皇家）・中西耕石（海僊の門人）・梁川星巌（漢詩人）・中林竹洞（文人・画家）・中林竹渓（画家）・野之口隆正（国学者）・山本梅逸（画家）・相馬一郎（九方・岸藩儒官）・池内陶所（海屋の門人で文人）・武井松庵（医師）・広瀬旭荘（広瀬淡窓の弟）・藤本鉄石（天誅組の総裁）・小石玄瑞（京の医師）・細川林谷（篆刻家）・中盛彬・中左近（瑞雲斎）・食野・唐金・奥・高松舫明・越智高松、など。

弘化元年、岡田半江は息子九茄《きゅうか》と田能村直入（小虎）と門人橋本桂園などを連れて「挾芳園」を訪れた。

直入は竹田と同じ豊後直入郡竹田寺の出身で竹田の弟子であった。詩を旭荘に、大坂では洗心洞で陽明学を、篠崎小竹、岡田半江とも交流した、茶法や鎗術の心得もあった。竹田没後には堺に住み、詩社を結び門人三百人を擁したといわれる。直入は長生きして、明治十三年京都府画学校の設立を主唱した。

この時は半江と共に中国の山水画を展観したが、一番の目的は張瑞図の画を臨模することであった。十日ほど経って桂園も再来して書画を臨模した。翌年には直入もまた来て「挾芳園」の書画を模写したのである。このように当時の一流の画師たちが競って模写したことで、「挾芳園」に蔵された山水画が偽物ではなく、真の画であると認められたことになった。

僧月性《げっしょう》が篠崎小竹に伴われて、浮丘に会いにきたのは、弘化三年の九月、二十九歳であった。月性は小竹の梅花塾で五年間学んで頭角を現し、代講になった秀才である。十五歳で、故郷周防を後にした時のうたがある。

これは明治の青年が決意を胸に、故郷を去る時によく諳んじられた詩である。

男子志をたてて郷関を出ず
学の若《も》し成る無くんば、復《また》帰らず
骨を埋むるに何ぞ期せん墳墓の地
人間到る処青山《せいざん》有り

小竹は「月性は広瀬淡窓の咸宜園《かんぎえん》で漢籍を、熊本で仏典を学んだせいか、理解が速く、声も太くて素読の歯切れがよく、聞き惚れますよ」というのだった。

浮丘は謡が好きなので、それでは謡曲は如何ですかと問うた。

「入門段階ですから下手ですが、敦盛が好きです」

ときき、謡ってみてほしいと思ったが、小竹が一緒なのでいいだしかねた。

黄昏て、夕陽が海に落ちるのをながめながらの晩飯は、鰮《いわし》と蝦《えび》の天麩羅であった。

「下品な魚といいますが、とれたての鰮が沢山入って、台所で天麩羅にしましたのじゃ。家の者は、みなうまい、うまいと申すので、お試しくだされ」

と浮丘がいうのを聞きながら、月性は本当にこれが鰮なのか、とおもいながら箸をのばした。

地元の蛸の刺身や野菜の煮物など横目にして、月性は天麩羅ばかり余念なく食べた。

「岸和田には蛸を祭った地蔵がありましてな。天正の頃でしたか、古い話ですが蛸の大群が、攻め寄せる根来や雑賀の軍勢を防いでくれたという伝説がありますのじゃ。それほど蛸が沢山とれるところです。蛸は明石のほうが柔らかいといいますが、新鮮なのが獲れますので刺身もどうぞ」

岸和田城に近い南海本線「蛸地蔵」の駅には、蛸軍団と侍軍団の戦うステンドグラスの絵がある。この伝説を絵にしたステンドグラスは観ていて面白い。

浮丘が薦めると、二人とも蛸を口にして美味いとはいったが、箸はまた天麩羅に伸びるのだった。

天麩羅の油はゴマからとったもので、行燈《あんどん》の灯油は菜種を絞ったもので、みな自家製のようなものだった。

月性が天麩羅を美味しいと感じたのは、江戸風に油の温度を上げて、からっと揚げていたからであろう。上方では低温で揚げるので、白っぽく揚がり、油がしみこみやすかったのである。

月性は江戸風の天麩羅を食べたことがなかったのだろう。

月性は若いので一口に頬ばる量が多く、その気持ちのいい喰い方を肴にして、浮丘らは小竹が土産に持参した灘の酒を飲んだ。清酒は江戸時代後半につくられ始め、寒酒は灘を中心に醸造された。それまでの濁酒に比べて精米度が高く、高価で大体濁酒の五倍はしたといわれている。

浮丘は、月性が京で塾を開くと聞いていたので、二百疋を祝い金として贈った。これは小竹の顔を立てるつもりでもあった。

月性は塾で講じる傍ら頼三樹三郎や梁川星巌、梅田雲浜らと交わった。三十九歳のとき、『仏法護国論』を著して、日本を窺う西洋のキリスト教を排撃し、仏法による護国意識を喚起しようと説法して廻った。安政四年、紀州の海防が危ないと思い、単身で紀州藩に乗り込んで海防論を主張するのである。国を護る兵士には士農工商を問わず、志のある者を募る兵制を作るべきだと説いた。この新しい兵制の試みが実現するのは、長州の奇兵隊である。

浦上玉堂は岡山池田藩の支藩にあったが、脱藩して好きな琴を持って春琴・秋琴を連れて各地を放浪、晩年は京都に定住した。玉堂の残されている絵画のほとんどは六十歳以後のもので、画は独学だったという。「煙霞《えんか》帖」「山雨染衣図」などの傑作は小品に多いと近世美術史研究家吉沢忠氏はいわれている。

その長子浦上春琴は、技巧的には父を凌ぐといわれた画人で、花鳥を得意とした。

山本梅逸や中林竹洞は名古屋の人であるが、梅逸が花鳥画を得意としたのに対して竹洞は山水画を描いた。梅逸は安政元年に名古屋に帰って御用絵師となり士分に取り立てられた。梅逸が得意とする「竹梅」「雪中鷹」を観ると、リアルで梅の枝のとげが目についてしまう。名古屋から東の画人には、士分の人が多いので、どうしても在野の気分というものがなく、緊張した精神がそのまま画に反映していたのだという説がある。

江戸の画家には、酒井抱一《ほういつ》、立原杏所《きょうしょ》、谷文晁、渡辺崋山、椿椿山《つばきちんざん》ら武士出身者が多く、上方の画家とは作風にも違いがみられたが、天保年間に田原藩家老だった崋山が、安政には幕府槍組同心であった椿椿山も没して俄かに淋しくなった。反対に幕末の京都には、江戸を凌ぐ文化人が集まっていたのである。

江戸後期に画師や文人のパトロンとして名が高かった浪速の木村蒹葭堂は、浮丘が二歳の時六十三歳で没している。ちょうど浮丘の祖父にあたる年齢である。蒹葭堂の二万冊の蔵書や書画の類は「挾芳園」を超え、来観する著名人は百人をこしたといわれる。

蒹葭堂は江戸と山陽道を結ぶ大坂にあった。したがって東西を往復する文化人が足を運びやすく博物館として、またサロンとして、その名を全国に広めたのである。

浮丘の「挾芳園」は、大坂からは紀州にしか通じない熊野街道に沿った湊浦という町にある。書画を観るためだけに泉州路を下るには、かなり迷うのではないかと思うのだが、当時の京・大坂に住む前記のごとき著名な文化人のほとんどが来観した。

㈥ 念願の展観

嘉永元年（一八四八）四月、浮丘は京の祇園清井楼で五十の賀宴を張り、東山の双林寺で所蔵書画の展観をした。皆川淇園《みながわきえん》もここで書画展を十年間に十四回開催しているが、文化人たちは京都での展覧会といえば、ここで催したのであった。

西行も一時滞在した寺というが、江戸後期から長楽寺らとともに、遊興の人らの宴席などを設け飲食も提供したらしい。場所的にも祇園に近くよく利用されていたのである。

大坂では一心寺や天王寺の清壽院などの寺院が展観の会場になっていた。

篠崎小竹、貫名海屋、中林竹洞《ちくどう》、竹渓《ちくけい》、頼復二郎《らいまたじろう》（山陽の二男）、頼三樹三郎《らいみきさぶろう》（山陽の三男）、池内陶所《とうしょ》、小石玄瑞、中西耕石《こうせき》、山本梅逸《ばいいつ》、谷口靄山《うざん》、梁川星巌《やながわせいがん》、藤本鉄石《てつせき》、大国隆正《おおくにたかまさ》など在京の諸名士が多数参観した。

このとき幾人かの画人・文人が祝の書画を寄せ書きした薄い和紙の巻物を記念に浮丘に献じている。

先ず海屋が祝辞と松竹を描いたあとに続いて小石、池内陶所、山本梅逸、中林竹渓、頼復二郎、頼三樹三郎、新宮涼庭などが漢詩や一筆画などを載せ、最後に対山が《長松清流図》を描いている。

このような書画会は画人や文人らを結びつける社交の場であった。近畿では明石書画会や阿洲展観など各地で開かれていた。浮丘がこの展観会で意図したのは、文人の交流と画の鑑賞だけではなく、画の販売も目的であった。自分が老いて没する前に、気にいった画を買ってもらえれば、その画も処を得ることができようし、買った人も愉しめるというのである。なかなか進んだ考えである。

しかし各地の書画展のなかには偽物が混じっているとかで不評な展観もあった。ただ模写といっても大家ですら中国画の模写を堂々としている時代である。模写といっても現代とは意味が違って、よく出来ていれば喜んで買ったのである。ただし当世の画家、例えば大雅や竹田、対山や半江の偽物となると、問題になるだろう。

浮丘の書画展について、蔭で偽物があると囁く者があったらしく、その噂が浮丘の耳に入り胸中に苦虫を飼うことになった。

このあと、中林竹洞が浮丘に自著『南画誘掖《ゆうえき》』(南画の手引書)と『本源論』を贈った。『南画誘掖』は浮丘の苦虫を追い払うのによい効力があったらしい。

竹洞は京都で尾張の南画を代表する人物である。画論や歌論をはじめ国家論まで多数の著作を出していて七十二歳の高齢であったが、洛陽の隠者といわれて尊敬されていた。

浮丘は贈られたこの二冊を読み終った翌年、『中林竹洞の著書を評す』と和語で記した書を竹洞に贈った。それを読むと、竹洞の書の内容が自分の心情に適っていて、胸中の欝が晴れたらしいのである。それならば「評す」ではなく「謝す」か「に感ず」という表現が適していると思うのであるが。

対山は浮丘が竹洞と文通したことを知ると「浮丘大人は、とうとう洛陽第一の隠者とまで交際されているとは！」と感嘆した。竹洞は画人というより賢人に近い存在として知られていた。浮丘は『南画誘掖《ゆうえき》』の読後感を次のように述べた。長いので省略しながら現代文でその浮丘の感想をまとめるとこうなる。

「池大雅に心酔しながら、四君子（蘭菊梅竹）は粗大で気韻に乏しいと評された眼力は、なかなか公平である。また私は自分が所蔵する岡石圃の二幅について、その詳細を『南画誘掖《ゆうえき》』から知り得たのである」などと先ず竹洞の博学・見識を褒めた。

浮丘は江戸の奥氏に自分の画論を書いて送っている。その画論は残されていないのでわからないが、『南画誘掖《ゆうえき》』の感想から推論すると、「大家の画だから気韻があるというのではなく、鑑賞する者の教養、見識から自由に談じてこそ、興があり、また画の真偽を見抜く知識が培われる」という主旨が述べられているように思えるのである。

特に双林寺の展観については、心ない噂があったのを、竹洞が批判してくれたことで、心が晴れたのであった。

「双林寺での展観を観て、なにやらおかしいといわれた人に応えられた評は、今の画人の病をよくいい当てられていると思った」と書いている。

つまり南画の大家と定評のある人でも、その画には巧拙の類はあるのに、いったん大家といわれるようになれば、すべてが評価されるのはおかしいと思っていたのを、いい当てられたこと。

次に書も読まず、詩歌のひとつも作ったことがない人が、古い時代の人の画を観てその良し悪しを論じることができるはずがない。要するに浮丘が所蔵する古い中国山水画を観て、その良し悪しを、はたして区別できる眼識をもっているのか、と記してくれていることに感銘したと述べている。

竹洞は常に

「文人画を学ぶ者は、書を讀まざれば其の奥旨に達しがたし。先ず中庸・大学を熟読して略ぼ動体に通じ、志を高尚にすべし」

といっている人であるから中国文化への憧憬は強く、気韻重視の姿勢であった。

『本源論』についての感想も述べているが、これは浮丘が国学の徒としての立場から、この書を論じたものなので後半で述べることにしたい。

四　日根対山を世に出す

(一) 岡田半江《はんこう》に紹介する

天保十二年、日根対山は二十九歳から台山という号をやめて、対山と称した。四百年前、応永年間の先祖は源氏姓で、何代目かが中原の姓に改めたので対山も中原を称した。その後は日根野の郷士であった先祖にちなんで日根姓を名乗ったというが、それを証するものはない。

対山は一説では村役人だったといわれる又左衛門の三男であったが、この頃は農民並の生活であったと思われる。里井兄弟が何かと対山の面倒をみたり、機会があれば、書画を鑑賞させて眼識を磨かせようとしていた。

天保十一年初夏、二十八歳の時、泉南新家《しんげ》の庄屋山田家の襖絵を描いた。波濤図という力強い作品である。他に山田家には庭の老松を描いたものが残されており、同家に滞在していた折の作品であろうといわれているが、さすがに後年の作にくらべて、あまり遜色はない。これも浮丘が紹介した可能性が高い。山田家の屋敷は現在も保存されている。

此の頃、浮丘は岸和田藩の大和画（狩野派とか四条派という説がある）の画師桃田栄雲と親しくなり、栄雲の書画を借りて、気にいった書物の数枚を写したりしている。栄雲の画も一味あると気にいっていたので、対山を紹介したが、対山はあまりなつかなかったようであり、後年になってからも桃田を師と認めるような言動はない。対山の研究家で郷土史家冠豊一氏は対山が一番長く教えをうけたのは栄雲であり、彼が文人画に転向するまでの画は中国画風の臭みがなかったというのは栄雲の影響によるものであったといっている。

それに対し新修泉佐野市史（十一・十二）では、栄雲の「架鷹図」と対山の「海棠孔雀大幅」と同じく木にとまる鳥図で比較しても、その造形把握の技量の優劣は一目瞭然で、作品を見る限りでは、栄雲を師と仰ぐような関係ではなかったであろう、と述べている。

当時の画家は、みな中国の山水画を写し取ることで技量をあげていったのである。対山も浮丘の所蔵する中国画家の山水図を度々、模写して腕をあげた。特に董其昌《とうきしょう》や王建章、張瑞図《ちょうずいと》を好み、それを模写していた。

董其昌は江蘇省松江（上海）の出身。明代後期の文人で筆墨によって膨大な財産を築いた。

崇禎四年（一六三一）に、七十七歳で礼部尚書《れいぶしょうしょ》という文部大臣に当たる官位についた人で、文人としても官僚としても望み通りの生涯を送った。この人の「秋林書屋図」や「霜林秋思図」

などの山水画の岩の描き方には特色がある。私には対山の山水画の岩の描き方は、その画法をそのまま真似たように思われる。

天保十三年二月、対山三十歳の時、浮丘は小田海僊（百谷）が所有する明末の文人画家張《ちょう》瑞《ずい》図《と》作といわれる米法山水図を模写させた。此の頃日本にある中国画の大半は偽物であると、田能村竹田がいっているが、実際には九割が模写か偽物であったという。

室町時代は僧侶が渡海して、絵画を持ち帰ったが、鎖国時代の近世では、真物を観たこともない日本人が長崎で、清の商人に薦められるままに買うことが多かったのが実状であった。浮丘も張瑞図作という山水図を所蔵していたが、偽物ではないかという一抹の不安を持っていた。この画が所蔵しているなかでは、一番の目玉といえたからである。

小田海僊《かいせん》は百谷と号した。人物画が得意だったという。私は彼の人物画では《大槻玄沢像》が好きである。脇息に凭れ、右手のこぶしを握っているところが、玄沢の読書に対する内面の気持ちがよくでていると思うからである。

『日本書画名家辞典』によれば「小田海僊は、田能村竹田のために《江村漁楽図巻》を画いて贈っている。「その図長幼男女五十人許りを……、網を撒く者、晒すもの、魚釣り、蟹を捕る者。笛を吹く者、酒を売るものあり、拳を打つ者あり、料理をする者、乳児を抱く者、凡そ平生有るべきものあらざるなし、而して何れも笑々嬉々として人生に於ける内名鎖利や纏の多少苦悶憂慮の状を知らず……」とある。
《江村漁楽図巻》という題は中国の同名の画題を借りたと思われるが、私は南画に描かれた人物を観るのが好きなので是非観たいものと望んでいるが、まだ実現にはいたっていない。

浮丘は海僊の所蔵する中国画ならば、偽物ということは滅多にないだろうと踏んで、対山に模写させたのであろう。だが海僊も元・明の名家の水墨画を熱心に模写していたのだから、自分が模写した張瑞図を見せたのか、本物の張瑞図を見せたのかはわからないのではないかと思うのである。

張瑞図は彼の庇護者が罪になると、免職となり野に下った人なので、その画も自然に忘れられたが、日本では人気があった。それは張が長崎から泉州まで来たという伝説があったことと、張の作品が比較的多く日本に残されていることから親密感がもてたのかもしれない。

対山は自分が模写した画と、浮丘の所蔵画を比べると、違和感がなく、よく似た画法であるといった。浮丘もそういわれれば、似ていると思って安心した。しかし対山はこの海僊ともあまり気が合わなかった。

小田海僊も対山にはあまり好感をもてなかったようである。対山の画を気韻がないと酷評している。

浮丘の屋敷は本宅の（挹香軒《ゆうこうげん》）と別宅の挾芳園と梅園と称した下屋敷の三か所があった。

「松下高士図」岡田米山人筆

浮丘は、対山を半江に弟子入りさせる心づもりであったので、入門するまでに技量を磨かせるために画室まで造ってやるのである。

岡田半江は文人画家岡田米山人を父に持ち、少年時代から水墨画の手ほどきを受けていただけあって淡雅な画が多い。米山人の画のなかでは松下高士図が面白い。松の大木の下に文人らしき人が仙人と立ち話をしている。私は山水画に人がいると何となくほっこりする気持ちになる。

半江は米屋の家業を継いだが、やがて息子に譲り、自分は天満に別宅をもち、そこで画を描いた。田能村竹田など文人墨客の来訪が繁くなったが、天保八年大塩の乱が起こり、この別宅や父から継いだ書画・骨董などは灰となった。

半江は、一時呆然自失したが住吉に移り、翌年から画業に専念できるようになったのである。

半江の《岸和田城景観図》は晩年の作である。泉州の挾芳園に来た折、息子や門人の橋本桂園らと岸和田城をスケッチ風に描いたのである。これも淡雅である。

藤岡作太郎は『近世絵画史』で「大坂文人画の泰斗はと問えば、第一に指を岡田半江に屈せざるを得ず」述べている。

浮丘は「挾芳園」に隣接する場所に「茅海草堂《ぼうかいそうどう》」と名付けた画室を対山のために設けた。画室といっても、今のようなアトリエとよぶようなものではなく、畳敷きに机と棚がある程度で、畳の上に紙をひろげ、膝をついて描いたのである。ここで食と住に憂いなく画業に専念できるようにとの浮丘の配慮からである。

おそらく半江に入門させる前の準備と考えられる。「茅海草堂《ぼうかいそうどう》」で描いた山水画には「茅海」「盛」「散人」という落款を押している。「挾芳園」の絵画を参考に見るにも便利であったに違いない。まあいえば美術館に近いところで作業するような便利さであり、一歩外へ出れば、潮の香がして爽快な気分にもなれたのである。少年時代から茅海の海を臨む湊浦で過ごしたので、この場所は気にいったらしい。

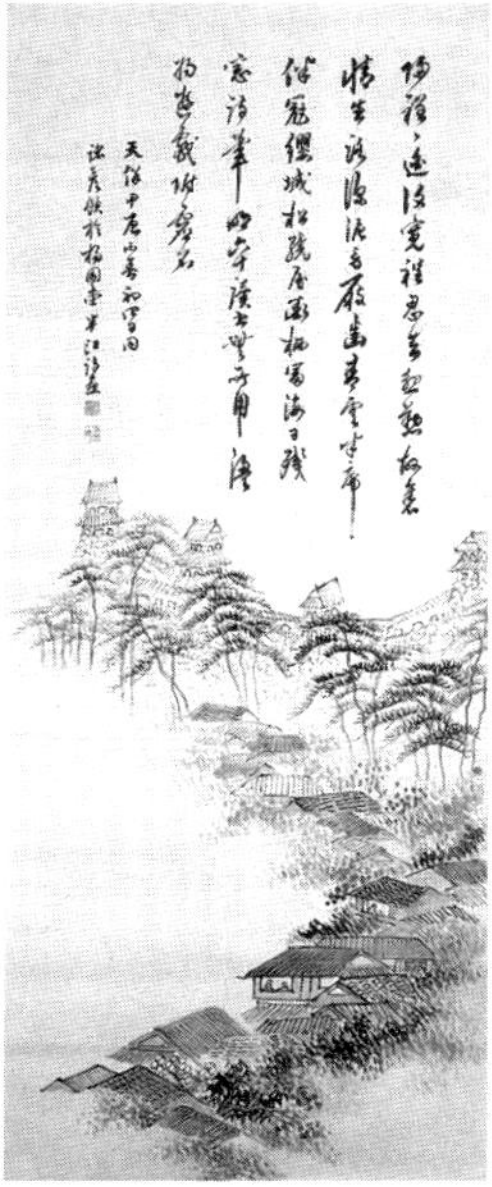
「岸和田城景観図」岡田半江筆

天保十三年三月二十四日、浮丘は対山を連れて、墨江（住之江）の半江の寓居を訪ねた。

対山の入門を頼むためである。半江が「挾芳園」に来た時に紹介すればすむのに、わざわざ日を違えて、墨江まで連れていったのは、浮丘の礼儀を重んじるやりかたであった。

半江の浮丘宛て書簡はそう多くないが、天保十三年の四通には対山のことが短く記されているという。対山の研究家冠豊一氏の稿によれば、それは対山に好意的でないもので「対山君若き御方に感心之御執心、御跡にても噂申し上げ候」とある。つまり「対山という若者に随分入れあげておられる」と皆で噂したということであり、また、数日後は「対山子如何之顔色哉」という短い語句ながら、対山によくない感情を持った気持ちを伝えているという。

これは敵意とまではいい難いが、顔つきが生意気な風であったことを伝えている。まだ弟子にはしていないが、何度か対山とあっていやな奴だと思ったに相違ない。

対山、すでに三十歳である。対山と半江の画風の違いは大きいが、だからといって、互いの画が理解できなかったとはいえないだろう。そのうえ半江はその世界では大先輩である。だが六十を過ぎて移った墨江に来る書画の友は、一人も無いという彼の書簡から推測すると、自信家の対山が画風の違いというより、力が失われた晩年の半江の画をものたらなく感じたということはありうるだろう。そして田舎者の対山は納得できず、自分の画論を主張した可能性が高い。

半江は二十歳ごろ山陽グループの一人で、田能村竹田など何人もの画家・文人との交友も厚く、教養も高かった。対山ごときと対等に画論などかわせられようかと思っても不思議ではない。

(二) 貫名海屋《ぬきなかいおく》に入門させる

対山が岡田半江の機嫌を悪くする言動をとって、浮丘に迷惑をかけたにも拘わらず浮丘は新たに書画で名高い海屋に引き合わせるのは、ただの親切心なのか、それとも商人としての深読みから出たことなのか、よくわからないが両方であったとしておこう。

浮丘の日記「行余楽記」は天保十三年に終わって、以後没する慶応二年まで「日省簿」に記入が始まる。「行余楽記」の記録も簡潔であったが、「日省簿」にいたっては日記とは呼べないほど簡単である。月日、天候、往来(居所)、著作、出納書信と項目に区切りされた空欄に、文章ではなく単語を埋めるだけの、実に日記とはいえない記録簿というべきものである。

これと同じ日省簿を小石玄瑞も使っているが、日省簿は京都の店に売っているので、それを見つけて買ったようである。その後、対山にその購入を頼んでいたらしく、弘化三年七月、対山は湊浦に帰省すると浮丘に「日省簿」二冊を持参している。

日省簿の記録によると、弘化元年九月二十日に、船で伏見に入り小田海僊を訪い、扇政で宿泊。翌日浦上春琴、貫名海屋、山本梅逸等三老人と飲食を共にしたとある。その時、同伴していた

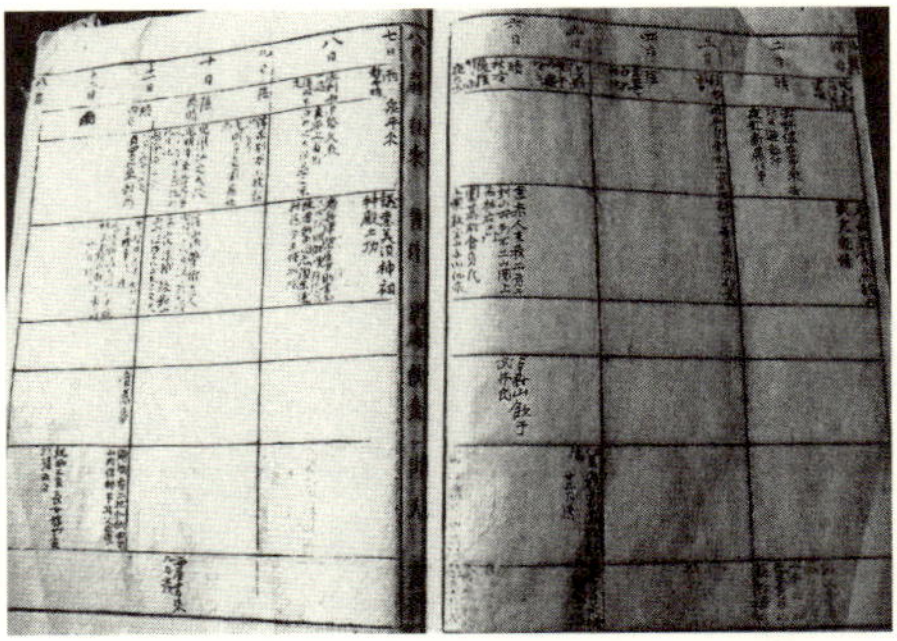

「日省簿」

対山を海屋に会わせた。この時海屋に入門したことになったようだ。

対山は海屋に会わせてもらえた礼に《春林道雨図》《仙山雪暁図》を浮丘に贈った。

海屋は当然、半江から対山の人間について聞いていただろうから、直ちに弟子にするのは避けたが、浮丘からの頼みも無碍に断ることもできず、弟子としても正式の入門はさせず、しばらく様子をみましょうぐらいで、対山の面倒をみるつもりになったと思われる。また海屋は、自分は儒者であって、書家ではないという意識の強い人だった。

海屋は彼の教えを請いにくる人が「こちらに書の海屋先生がいらっしゃいますか」と問われると「当家には書の師匠はいません」と答えて追い返し、「儒者の海屋先生は御在宅ですか」ときかれると、機嫌よく応対したというエピソードがある。

当時は絵師の地位は書家より下であった。時には老中や諸侯の諮問にも応えねばならない儒家の地位が尊敬されていたのである。

実際には実画の実績が少なくても、儒学の教養があって漢詩で名があがれば、画にも泊がつくという人がいた。

海屋が儒者でありたいと思うのは、中国の詩人や史書に出てくる人物への深い憧憬があり、且懐徳堂で塾頭にもなった儒学の教養があったからであろう。しかし海屋は、書家として幕末の三筆と評されたが、儒家としては中井竹山や管茶山はもとより、篠崎小竹ほどにも評価されていないのである。

中国文化への傾倒は、彼の書にこめられている。ただし私は草書や行書を、すらすら読むことはできず、楷書で書かれた印刷物を判読して思うのである。

海屋は高野山で空海の書を学んだあと、二十二歳の時大坂の懐徳堂（今橋の日生ビル辺り）に入り中井竹山の弟子となった。中井竹山は、松平定信の近畿巡見の折り、諮問を受けて『草茅危言《そうぼうきげん》』を答申した。国替え、参勤交代、教育、貨幣、物価、治安などについて提言したもので、寛政の改革に少なからず影響を与えたといわれている。この竹山と海屋は師弟関係を越えた交流をもったのである。

文政五年の『平安人物誌』には儒者・詩人と記されているが、天保の五十歳頃からは書家・文人画家と記されている。書・画家としての名が高くなったためであろう。

二〇一四年八月、堺博物館で貫名菘翁《すうおう》展があった。書のほかに南画も展示されていた。ずっと昔見学したことがあるが、今回は学芸員の説明を三〇分ほど聞くことができたので、以前に比べてよく理解できた。

海屋の名は直知・直友・泰次郎・苞《しげる》といい、号を海屋・海客《かいかく》・海叟《かいそう》・菘翁《すうおう》と多用しているが、多いのは六十から七十歳頃までに使った海屋と七十歳から晩年まで使った菘翁《すうおう》である。

私塾「須静堂《すせい》」を営み、住んでいる岡崎の野菜である菘《すずな》から「菘翁《すうおう》」と号した。「須静堂」の名は、「諸葛亮《しょかつりょう》伝」から、我が子への戒めの言葉「夫学須静也」を引用したのである。

また敬愛してやまぬ陶淵明の「帰去来辞」や諸葛亮《しょかつりょう》の「前出師表」などを行書で書いたが、その書には号ではなく、須静主人苞という名で署名していることからも、海屋が中国古代の英雄や詩人を崇敬していたことが推測される。ちなみに『三国志』の時代の日本は、耶馬台国の女王卑弥呼が魏に使いを送っている頃であるから、「赤壁の戦い」などは、日本人から見ると、まさにSF小説のごとき英雄・豪傑の戦いであった。

そんな海屋から対山はかなり目をかけられていたらしく、文人画を描くことを薦められている。海屋はその書画からも温雅な人柄を感じさせられるが事実そうだった。

対山の『柳塘山水図』などに海屋が賛を書いているところをみると、半江のような反感は持たなかったようである。対山の浮丘宛て書簡には、海屋に養子になってくれまいかという打診があったと伝えている。海屋は幼い子を次々と亡くしていたので、あるいはそういったかもしれないが、対山は断った。

対山の人品に対する風評はよくない。嘉永年間頃から京の越智高松から対山の行状について「困りもの」との知らせをうけていた。対山は一戸を構えるまでは高松家で居候をしていた時があったが、やはり飲酒のはての傍若無人が眼にあまったのであろうか。

小田海僊、岡田半江、斎藤楽亭など周辺の人物がそろって受けたのは、傲慢な態度という印象である。

対山のことで困惑した人は浮丘にそのことを訴えた。浮丘が対山を叱ると恐れ入り、帰郷すると必ず浮丘を訪い、画を描いて献じた。またいわれるままに名画の複写も行っている。

対山は自分は、「これという師を持たず、宋・明・清など中国の文人画を手本に独学したのである」という気概を隠さず態度に出したので、傲慢な奴という印象を抱かれたのである。

「我は海屋の弟子にあらず、書は少し学びたり、画は海屋こそ我が弟子ほどなれ」と語ったり、ある時はまた「先生の絵は巧いけれど、力が甚だ弱い。このような絵なら、石臼を腕に結びつけてもかける」といって海屋の門人たちの怒りを買い、それでは腕に石臼を巻き付けて画を書けと迫られた。対山は、それではといって、先ず大杯の

「貫名海屋像」

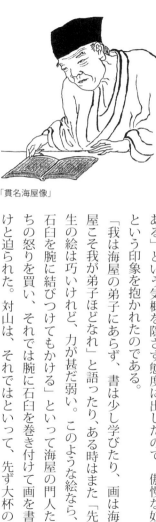

酒をあおぐと臼を腕に巻き、掛け声をかけながら風竹を描いたので、門人たちは驚いて引き上げたという逸話が残っている。

これはいささか対山贔屓《びいき》の話だが、確かに海屋の画は対山の画と比べると力がないともいえるが、また優美とも、温雅ともいえるのである。

ところが海屋の書は、力が弱いなんていえないものである。私が一番好きなのは、六曲一双の金屏風に書かれた「草書前赤壁賦」である。この長い草書の文体は、その筆勢の素晴らしさ、バランスのよさは典雅にして力強い。まるで宮中の輪舞を夢想させるのである。

京都の石峰寺境内にある若冲の墓の碑文は貫名海屋の筆である。

弘化元年、対山は南画の腕をあげるため、南紀の風景を写生する旅に出発した。浮丘は三円を与え、参考にと所蔵の山水画など十余幅を貸してやった。いまでいう人材への投資である。

紀州は一世代前の南画家野呂介石がいたところである。

対山は池大雅が江戸で野呂介石に会った時、介石が、こういったというのを浮丘からきいた。

「真景を描いて初めて、山水画の遠近や空間の描き方がつかめるのです。手前は画本の山水を粉本（手本）とはしないことにしています」

大雅はちょうど三岳（白山・立山・富士山）を踏破して帰ったところだったので、介石の意見は自分がいいたかったことをいってくれたと思ったという。

介石は、死ぬまで豊かな紀州の自然を愛してその真景を描くことに努めたので、熊野や那智の滝の画が多い。「挾芳園」には野呂介石の画があるので、これを貸してやった筈である。対山はこれを観て触発された。自然はやはり真景を写してこそ、人に感動を与えられるのだと思った。

粉川では八塚猿邸の処に泊めてもらうように手配もしてやった。その後対山は一時泉州に帰ってきたが、翌年も南紀に行って那智の滝や熊野の風景を写して、南画の基礎を実風景から習得しようとしている。

対山三十四歳の時に描いた《那智瀑布図》は、さすがに迫力がある。他の画師とは一味違うと思った。

弘化三年春、岡田半江、浦上春琴の訃に続いて、平松蓋丘が没した。五十七歳である。兄孝胤を亡くしたあと浮丘が兄のように慕い、頼りにしていた人であった。平松家は同じ湊浦の庄屋といっても、回船問屋でもあったから、浮丘が村役人を継いだ時以来、船積のこと、砂糖、菜種油、干鰯の流通に関することまで、アドバイスを受けていたのではないかと思われるのである。以後も里井家の人々は「平九《へいく》さん」と呼んで親しんだのである。

対山や武井松庵ら四人とよく集まって酒をのみながら語ったこともしばしばであり、浮丘にとっては、肉親を失った以上の頼りなさと寂寥を感じたに違いない。

浮丘は平松の嗣子俊三の請いをいれて、対山が描いた肖像画に添えて小伝を著した。

対山は先輩画師たちに礼を失する態度に出ることが多かったが、同輩の画師仲間たちにも妥協はしなかった。中林竹洞の子、竹渓は父の親友で同じ名古屋出身の山本梅逸を師としたが、特異な山水画を描いて人気があり、対山の第一のライバルに目された。

対山がこの年の秋、京に初めて家を構えたのも、同年代の竹渓が独立して画塾を開いたことが動機である。

対山は三歳下の竹渓に南画の批評を求めていたがだんだん不和になった。竹渓の性格が偏狭であったというが、それは異母妹が竹洞の遺産を分けてくれない腹癒せから「人となりは狷介で、画は巧みだが志は高遠ではなかった」と断言したことから、そのような見方が死後に広まったともいわれる。嘉永四年。相馬九方が岸和田藩の儒官になると、弟子となった。相馬は物静かな学者肌の人間ではなく、慷慨の人であったから二人は気があったようである。よくいえば真面目で妥協ができない性格であったのだろう。

竹渓のほうが儒学的教養は深かったろうし画風も異なったため、対山との仲は離れていってもおかしくはないが、ついに決闘まがいの喧嘩までしたといわれている。

㈢　対山の敬慕する画人

対山は現世で就いた師を、師とも思わなかったが、やはり是《これ》と思う画家はあって、尊敬の念を抱いていた。それは池大雅と田能村竹田である。彼らはもうこの世にいないので、対山は畏《かしこ》まらなくてよいという理由もあってのことだったのだろうか。

安政元年九月、対山が湊浦へ帰省した時、浮丘や武井らに田能村竹田の『山中人饒舌《さんちゅうじんじょうぜつ》』を読んで実に感じいったと話した。

「大雅の画を観ていると、気韻のある画は、修業よりも生まれつき備わっているのではないかと竹田がいっているが、私も同感です。大雅の妻の画も、そろってのびやかですな。大雅の次に尊敬するのは田能村竹田です。万巻の書を読み、大自然のなかの旅をしなければ、一流の南画家にはなれない、と竹田はいっているが、私も画家を目指す以上、せめて、もう少し書物を読み、竹田にならって生きたいと念じました」

と竹田を称賛した。

「大雅は貧乏で学問は系統的にしていないのではないか、万巻の書なんぞ読んでいないぞ」

と武井がにやにやしていった。

「やはり画業は、生まれつきの素質が第一で、次に読書と旅が必要ということですよ」

と浮丘がいうのに、武井が続けていった。

「君は素質に恵まれているのだから十分自信を持って描けばいいんだよ」

田能村竹田は豊後の竹田に生まれた。「豊後国誌」の編纂に従事し、二十五歳の時、これを幕府に納めるため江戸に行く途中、大坂に寄って木村蒹葭堂を訪ね、江戸では谷文晁を訪ねて画法を学んだ。二十七歳で家督を相続するが、文化四年まで約二年間京坂に遊学する。その間、浦上玉堂・岡田米山人・上田秋声らと交友して、学問・絵画を研鑽した。

文化八年三十五歳で再び京坂に来る途中備後の菅茶山に会い、大坂で頼山陽に、紀州で野呂介石に会う。この出会いで詩文にも深い関心を持つようになった。

この年の冬、藩内で百姓一揆がおこった。竹田は二回にわたって建言書を提出したが、容れられず、翌文化十年退隠した。まだ三十七歳である。これから詩画の世界に本格的に入っていった。

文政六年、長男や門人を連れて東上し、頼山陽・青木木米《もくべい》・岡田半江・篠崎小竹らと交わった。文政九年には、長崎で僧鉄翁や清人らに画を学び、中国から舶載された書画によって眼識を高めることができた。

以後もたびたび来坂したが天保五年、大塩平八郎と会い意気投合した。竹田が後藤碩田《せきでん》に宛てた手紙に「議論激発したが快意之事」と認めている。二人は現状の政治に憤り、憤懣をぶつけあったのだ。

翌年も竹田は大塩と会い、「経世済民」について語ったが、天保六年発病し大坂中之島の藩邸で没したので、二年後の大塩平八郎の蜂起は知らぬままであった。生きていれば参加せずとも、何らかの支援をしたのではないかと思われる。なぜなら、彼の心底には義の人でありたいという強い憶いが窺われるためである。

竹田は九州の南画に適した地方にうまれたとはいえ、何度も詩文や絵画の盛んな京坂を訪れて、学問芸術の真価を自分流に吸収したのである。画家である前に、人間であること、画人である前に道の人であることを重視したのは、まさに文人画の精神の化身のような人である。

『山中人饒舌』は我が国初の画論である。序は篠崎小竹が書いている。

「竹田氏は官を辞して絵画の道に逃れたが、人が先生と呼ぶことを許さない。氏の自ら清貧に処しているさまは、まことに老画師の風である。けれども氏が単なる画師でないことは。著書の中でしばしば絵画の道を追求するあまり憤りを覚え、その心を内に隠すことができないことからもわかる。氏は自分では謙遜しているけれども、どうして世には広文における杜甫のような、氏を真に知る知己がないことがあろうか」

私には、竹田の「茂林啼鳥図」に描かれた遠方の樹は、《芥子園画伝》の樹の画法の一つを忠実にT字型に並べたように見える。また「松陰飼鶴図」は遠景の岩山が、まるで牡蠣を縦に積んだように見えるのである。これらの画法は初期の未熟さが残っているといわれるだけあって、何となく親しみにくい画である。

しかし後半の画は京都や大坂の画人と交わり、各方面から影響され、学んだためか独自性がでてきて繊細で気韻のある画が多い。

大雅は独学で中国の画を模して大成した人である。初期の《岳陽大観》や《酔翁亭図》など、中国人の描いた複雑な大画を模写したものがある。それは原本を、まるでコピーしたようで、如何に集中力を持続させて模写したかがよくわかる画である。しかしその技法は素晴らしいと思うが、心を動かされることはない。

南画は中国伝来の《八種画譜》や《芥子園画伝》の素材を、自分なりの想像の中で組み合わせて表現した画である。だから山水画も実際の真景ではなく、中国風の楼閣山水図がよく描かれるのである。想像力で組み立てた画を如何に見る者に強い印象を残すかが問われるのだ。

しかし実際に長江にも行かず、中国人の描いた「赤壁図」すら見たこともない日本人が、想像で描いても、赤壁の闘いに想いをめぐらす大自然の威容はうかんでこないし、その絶壁のもとに小舟を浮かべて人生を回顧する蘇軾らを描くことはむずかしい。またいい過ぎかもしれないが、池大雅の「赤壁前游図」も、金の傑作《赤壁図巻》と比べると、どこから見た図なのかと思ってしまうのである。

ただ山岳紀行図屏風や妙高山の画は、稜線を筆で簡単に描いたものであるが、現代の人間がスケッチ帖に描いたような魅力的な一面がある。だが蕪村に比べると中国画の影響から脱するのは遅かったように思われる。

竹田の「松巒古寺図《しょうらんこじ》」は、よく見ると沢を遡った中腹の辺りに叢林に囲まれた辺りに小さな寺がある。この寺は竹田の亡き友山陽や青木木米への鎮魂を祈って描いたものであるといわれる。

そう思って見れば、この画はしっとりと落ち着いていて、近世の学者・文人中の人格者といわれた竹田の亡き友を想う心が伝わってくるように感じられるのである。

だが中国の南画に山中や渓谷の中に目立たない寺院・楼閣・東屋《あずまや》を描いたものが多いので、これもその形式の模倣かと思ってしまうのだが、形式をかりて自分の観念の世界というか思想を表現できれば、気韻があるといわれる画になるのであろうか。

「松巒古寺図」
田能村竹田筆

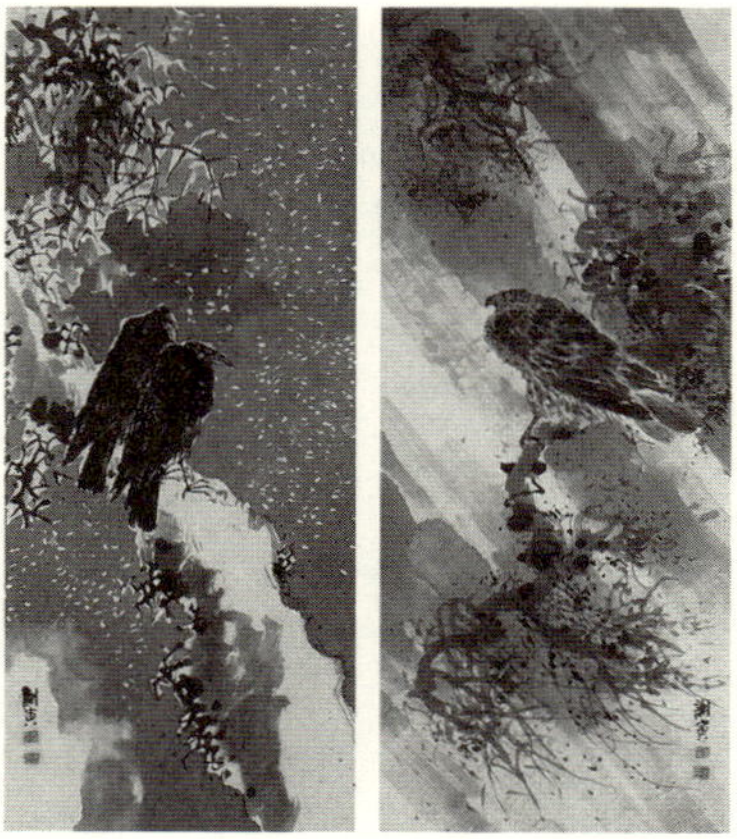

『鳶烏図』与謝野蕪村筆

竹田は『山中人饒舌』で蕪村が池大雅に比べて、劣るように論じているのは、やはり自身が中国画に傾倒しているからであろう。

「池大雅と蕪村が日本の南画を大成したのだが、その優劣となると。蕪村は池大雅に及ばない。それは気韻が大雅の方に勝り、蕪村はやや譎《けつ》である」といっている。それは蕪村の画が、俳画に通じる俗的な面があることをいっているのであろう。

私は南画の優劣を論じるほどの知識はないが、中国山水画の伝統から見ての評価が高い当時としては、蕪村より大雅の画が正統的と評価されるのは当然と思うが、蕪村の画は、今から見れば、大雅より先進的で多様性があると考えられるのではないか。

有名な蕪村の『北寿老仙をいたむ』の詩、「君あしたに去りぬ」という美しい詩を読めば、そこに驚くべき近代性が感じられるはずである。

したがって詩画一如という当時の理想からみても蕪村の南画はユニークである。

例えば《鳥》《夜色楼台雪万家》《暗夜漁舟》などには奇抜、日本的情緒、水彩的感覚などが見受けられる独創的な画である。

対山は竹田に心服するにつれ、文人画家を志す以上、自分も天下国家を論じる人間でなければならないと思ったのであろうか。海屋の紹介で梁川星巌らと親しくなり、そこに集う尊王志士たちの憂国論を聴くうち、精神が高揚して、自分も竹田のような気概のある画師に近づいているような錯覚を抱くようになった。

五　対山、京洛第一の画人となる

対山の画に箔がついたのは、長崎の僧鉄翁が江戸にいった帰途、京に立ち寄った弘化三年に、対山の画を称賛したことにある。この時鉄翁五十六歳、対山三十四歳である。

長崎は江戸時代の知識人の留学先である。医学も詩・画も直接先進国の師や文物に接する機会が多く憧れの地であった。貫名海屋も長崎修学時代には鉄翁について学んだのである。

鉄翁は対山の画をこう評した。

「南画の緻密にして精神韻致ある者に至ては、決して凡庸の企て及ぶべき所にあらず。近年我が邦に於いて之を能する者は、京都に日根対山あり、参河に渡辺崋山あるのみ」という絶賛ぶりである。

崋山は天保十二年十月、田原で自刃しているので、鉄翁が弘化三年に京で会ったというのはおかしいが、いずれにしても鉄翁の脳裏には崋山の印象が強く残っていたのであろう。

崋山は天保十二年、蛮社の獄に連座して郷里田原での蟄居を命じられたが、そのあまりの貧窮を見かねて、弟子や友人らの勧めで、売るための画を描いたことを嫉まれて密告された。崋山は君主や知己に迷惑をかけるのを恐れて自刃した。同じく蛮社の獄に連座した小関三英は、岸和田藩医であったが、江戸に出て岡部氏の江戸藩邸長屋に住み、七両五人扶持を給されながら蘭書の訳述をしていた。崋山は三英の蘭書の知識を仕入れて、それを藩の改革に活かしていたのである。

岸藩と関係の深い三英と、画業で名高い崋山の事件は江戸藩邸だけではなく、本国岸和田にも伝えられたはずだと思うのだが、それは完全に封印され、殊に村の上層部にすぎない浮丘などの耳には入ってこなかったのだろうか。

ところで対山を崋山と並べるなど、あまりに過大な評価だと思うが、それは鉄翁が中国山水画を評価の基準にしていて、崋山の画の近代性などは、理解できなかったろうと思われることと、貫名海屋が鉄翁のかっての弟子であったことから、孫弟子のような対山を高く買ってやったのかもしれない。

私はこの年（弘化三年）に完成した《武陵桃源図》を鉄翁が観て、感歎して思わずいったのだろうと思うのである。これは対山の最高傑作といわれる画である。

《武陵桃源図》は《盆蘭図》とともに弘化三年に茅海草堂で、浮丘のために描かれたのである。桃源図は老子の小国寡民の理想郷である。晋の時代武陵の漁夫が谷川の奥にのびやかで朴訥な人々が住む村を発見する。外との交流はなく、桃の花が咲き乱れる平和な山中で漁夫を饗応し

「武陵桃源図」対山筆

てくれた。しばらくして、その地を探しても、発見できず「神仙郷」として、中国人の脳裏にある憧れの桃源郷なのである。

対山も、この神仙郷を明代四大家の一人といわれる文徴明の画風にならって描いたといっている。この画は孝明天皇に御覧にいれたところ手元に留めて長く賞玩されたという。

この桃源図も赤壁図と同じように、日本の画師が競って描いた画である。池大雅も《武陵桃源図》を描いている。桃の花の淡い色が春をよぶような画であるが、樹が混みあっている。私は対山の桃源図のほうが谷川に沿って点在する村落をすっきりと描いていると見た。

対山は酒豪であった。多くは酒に酔った時に画いたので、酔いにまかせて一気豪放な筆で、緻密さに欠けると思われるが、案外運筆に力があり緻密な画であったという。

嘉永三年薩摩藩邸に招かれて張瑞図の真蹟を見せられたあと、浮丘に「御蔵幅と少しも運筆変わり申さず。実に妙幅に御座候」と述べた書簡を送り、浮丘蔵の張瑞図の画は偽物ではないと保証している。

浮丘も所蔵の張瑞図が海僊所有の瑞図画とよく似ていることはわかったものの、張瑞図の特徴を真似れば、みな同じになるわけだから、いまだに一抹の不安を持っていたが、これで安心した。

嘉永五年の新春、梁川星巌、海屋が対山を訪ねて、富士山頂の水で富士山を描いた。これが対山四十歳の記念となる画だが、図版を見ると何ということもない筆で輪郭を描いただけのものである。

この時かどうかわからぬが、梁川星巌の肖像画を描いている。

この年は対山にとって良いことが続いた。富士山頂の新水のお蔭か、二男が誕生した。そして初めて画が五両の大金で売れたことを喜び、この男子に「金五郎」と名付けた。

この頃になると、対山はもう浮丘の後援がなくても、京における一流の画家として認められようとしていた。家族を泉州から呼び寄せ、弟子もとるという立派な門戸を構えたのである。あまり画の売れない斎藤楽亭が羨望のまなざしをそそぐのも無理からぬことであった。

ところで浮丘は京の対山に、蟹、鰮《いわし》の麹漬け、鯛、紅鰕《えび》三十尾、干魚二十枚、鰺《あじ》などの海産物を毎年、頻繁に送っている。代わりに対山からは、信州産の蕎麦や豆、浅草海苔などが贈られてくるのだが、このようなやり取りは安政元年から目立っている。

陰暦九月に浮丘が送った蝦は、みな腐っていたと対山が書いていたが、こういうことも時々はあったろう。

対山は送ってきた鰈《かれい》を東西奉行に進物にしている。京都は盆地で新鮮な海産物を得るには不便な地である。冬には新鮮な海産物を、初夏や秋に塩漬けや半生干しなどのものをおくったのである。

海産物をおくって売りさばいていたと想像するには、量が少ないが、弟子を含めた対山一家が食べるには多すぎるようである。

これらの海産物は、浮丘が直接佐野の漁師から買い上げた場合もあるかもしれないが、堺の魚問屋古家魯巌とも親しかったので、そこの海産物を送った公算が強い。

数年後には弟子もとるほどで、楽亭に羨まれているのである。それなのに浮丘から大枚二十両を借りている。その後も五両、十両と借りているが、借りた金子は必ず返却しているのは感心である。これは度を過ごす酒代に充てたり、所蔵家が放出した文人画や山水画を買う資本に充てられたようである。

一説によると多い時の収入は年に八百両もあったという。このような大家になってからは、さすがに浮丘への無心や借金の申込みは減り。文久からは、ほとんどなくなっている。

安政四年五月三日、対山は父又左衛門が没したので湊浦に帰省して、中庄の大光寺に葬った。対山は九日に浮丘を訪ねて、久しぶりに挾芳園の書画を観た。翌々日にはやはり浮丘の家で奥氏のために、山水二幅を描いた。

ところが十三日、五門村で対山は事を起こして、浮丘から絶交を告げられたのである。父の死から初七日が終わった途端である。

五門村は熊取の筆頭庄屋中左近の屋敷のあるところである。やはり酒飲による狼藉で騒々しく喚きたてて調度などを壊したのか。具体的なことは不明だが、この事件はよほど浮丘を立腹させたらしい。

隆正にこの件を知らせているようで、隆正の書簡に、

「対山の事、驚き申し候。兼ねて行状承けたまわり居候へ共、左程の事にはあるまじくと存候ところ、言語同断、先以て不孝の段、苦々敷事に奉存候」と述べられている。

この返書から推察できるのは、父の死に関して何か暴言でもしたのだろうか。中氏の差配地で事を起こせば、対山個人だけではなく、同行した浮丘の面目も潰れるのである。

二人の絶交は万延元年（一八六〇）まで続くのだが、一月に対山が自慢の弟子猪瀬東寧を伴って来訪し、旧交を温めることができた。東寧は本名を忠五郎といい、下総、茨城出身の人であるが、なかなかの才能の持ち主で、対山死後、明治に形式化した南画界に新風をもたらしている。また内国勧業博覧会やパリ万博にも出品するなど活躍した。この時二十二歳である。

浮丘は、この時の心境を『跛鼈集』に記している。

「対山人世に名高くなりし後、たがへるふし出きて久しく、みとせ過ぎたりを、この頃問ひ来てむかしのことなど、かたりあいて、いとけなき時、はらからにもまして、したしくかたらひ、いとをしきものにせられたることは、さすがにわすれずなんあるといひ出して、はべりければ、そのおもひをからうたに物して」

と前置きして、歌をよんだ。

雪かかる松もひかれしそのかみの
　野べの子の日は忘れざりけり

浮丘は弟がないので、少年時代から幼少の対山を可愛がった。対山もよくなついた。長じてからも、それは恩義などとよぶ倫理的なものではなく、まさに兄弟の心情として、なつかしく蘇るのである。仲違いして、三年も絶交したが、こうして弟子を連れて訪うてきてくれ、昔のことを語り合っているうち、浮丘の胸の中のこだわりも消えていったのであった。

旧交を復する気持ちになったのは、対山と親しかった三樹三郎の慰霊になればと思ったといっているが、やはり対山を失うと絵画のやりとりが巧くいかず、好きな画を周旋してもらうこともままならないという実利的な面もあったのだろう。

ところがこの年、七月一日、兄弟のように親しくしていた武井翼が病死した。平松蓋丘が逝って九年、すこし悲しみが薄らいだ頃、またしても大きな喪失感に襲われた。武井も対山に劣らぬ酒好きであった。武井は浮丘ほどではないが、かなり対山を援助していた。対山もその返礼として、《桃花源図》を浮丘に送った時に、武井に《牛図》を贈っている。牛は痘瘡を忌避するシンボルと見られていたので、医師である武井に喜んでもらえると思ったのであろう。

「常に酒を嗜み、日夜恒に酔い親戚が諫めても、酒は吾が命である、とか抗弁して自ら制することができず、遂に黄泉国の客になったのである」と墓碑銘に相馬九方が書いている。享年四十八歳。浮丘は武井の死を悼みうたをよんだ。

武井の身まかりしに　今よりや
われ口なしになりなまし黄なりいずみに君しかへれば

対山の南画も次第に注目を集め、弟子も増えこの東寧や野口小蘋、中丸精一郎、後に跡見学園を創設する跡見花蹊も入門するなど弟子にも恵まれた。中丸精一郎はのちに川上冬崖の塾生から工部美術学校で学び洋画の指導者になった人である。

収入も多い時は、年に八百両もあったといわれるほどの大家となり、その住いは酔墨庵と称した。

対山の肖像画は弟子の猪瀬東寧の生家に保存されていた西田春耕筆のが、一枚だけ伝わっている。東寧が春耕に依頼したのかもしれない。

写真に近い具象画で対山の風貌がよくわかる。最初みたとき、誰かに似ていると思ったがわからなかった。そのうち、似ているのは近藤勇であると思った。先ず座り方、ぐっと口を結んだ顔、ただし近藤勇は一文字に結んでいるが、対山はやや口を「へ」の字に結んでいるのが違う。気に要らなければ文句をいいたそうな感じである。

どちらもきかぬ気の風貌で稚気がすこしあるように思う

対山と親しい人物はあまりいないようであるが、弟子には慕われたのだろうか。

対山肖像画

浮丘も根は商人であるから、今でいう画商もしたようである。対山の書簡を見ると、対山の画や、対山が紹介した掘り出し物を浮丘が購入しているが、泉州の富裕者にも仲介している。また挾芳園の絵画も対山を通じて京・大坂の買い手に売っているのだ。

更に浮丘は斎藤楽亭の依頼をうけて、彼の画も売りさばいてやったりもしている。しかも楽亭の書簡から、手数料もいくらかとっていたことがうかがえるのである。

嘉永三年八月の対山の浮丘宛て書簡に

「門人には、金額を告げて画の購入を薦めるわけにはいかぬ。清人の三幅揃いの花弁はどうされているのか。所蔵の孟鸙の画を売り出されるわけにいかぬか。これならぐっと買い手がつくはずです。また鶏肋の品（売るには惜しい品）でも、よいと思います」と書いている。

「門人に薦めると、親に頼んで無理算段のうえに買うかもしれない。師が弟子に高価な画を売りつけることはできない」と、浮丘に明言している。対山も家塾を構えれば、やはりそれだけの分別がないと、たちまち「あの塾へ入れば、画を売りつけられる」という噂がたち、自分も、塾も評判を落とすことになるのは避けたかったのだ。

この肖像画も猪瀬東寧の生家に保存されていたというが、東寧が春耕に画を依頼したのかもしれない。

嘉永七年（一八五四）にも、掘り出し物として、明の藍瑛の山水画を二十両で購入するよう

に浮丘に勧めている

しかし幕末の南画は「つくね芋山水」といわれて形式化し、人気は衰えていた

考えれば、中林竹洞、小田海仙、岡田半江、貫名海屋などが次々に死去したあと、京にはめぼしい南画家はなく、南画は斜陽化していた。明治中期に至る端境期に、対山や弟子が残ってたという幸運にあったということではないだろうかと推測する。

元治元年（一八六四）薩摩の島津久光が上洛した折、京の文人墨客を近衛邸に招いて酒宴を張った。対山は酔って体を斜めに肘をついて小唄をうたっていたが、雪が降り出すと、筆を執って、劉玄徳が雪中に孔明を訪う図を描き上げたという話も残っている。

対山は豪放磊落のようにみせて、案外要領がよかったのではないかと思う。これと思う人には楯突かないし、大酒しても肝心のところでは、見事な画を画いて久光や近習たちの腹立ちを称賛に変える自信家であったような気がする。鰈を東西奉行に贈って、画商という仕事をする上での躓き、つまり贋物や盗品などの事件がおこったときの保険も、斟酌しているところなど、なかなかの商売人ではないかと思ってしまうのである

対山が幕末、尊攘派武士や諸侯の座敷に、たびたびよばれたのは会合の目的を書画会と称して、新選組や町方の目を胡麻化そうとしたためだともいわれている。

しかも大酒しても見事な南画を描くことができるので、人気があったといえる。幕末の物騒

な社会では上品な画よりも、少し位荒れた筆致でも力強い筆で描かれた山水画が喜ばれたであろうことは容易に推測できる。

対山の偽物は、その生前からすでにあったが、没後は横行したらしい。特に泉州では地元出身の大家とあって、真物の倍以上の偽物が蔵されている可能性があった。忍頂寺梅谷が対山の偽物を多く画いたといわれるが、画師としての腕もあったので、真物と見分けがつきにくかったらしい。

六　妹なを（千賀）の御殿奉公

―浮丘の「なを」（千賀）宛書簡を中心に―

妹千賀は書物を読むのが好きで、浮丘の与える漢書を読み終え、枕草子や和歌集などにも目を通す才女であった。読書に倦《う》むと親戚の子供たちと興じていたのだが、以前から、縁付くのを嫌っていた。それでも三十歳を目前にすると、自分の身の振り方を考えたのか、浮丘に京の摂家か宮様御殿に奉公にあがりたいといい出した。

天保十一年、浮丘は一旦決心したら引かない千賀のために、楽亭に御所方奥奉公の口を斡旋してくれるように依頼した。御所方も奉公人を仲介してもらうことは必要であったから、身元さえしっかりしておれば、そう難しいことではなかった。

天保十二年二月、楽亭は浮丘宛に次のような書簡を送っている。

「御所、宮、摂家、東西本願寺いづれからも申し参られたので御安心下さい。いずれの御奉公口になっても入用の品は○白無垢、○白襦袢を御用意ください。夜具、手の道具類は御上京前にお登しおきください」

手の道具類とは化粧品、裁縫道具、墨・硯などのことである。

千賀が上京後一か月たっても、まだ奉公先が決まらず、九条家か、有栖川家かどちらかに決まるまで待機していた頃に浮丘は、召使の茂助を差し向ける。

「……御たづねのため茂助相たのみ、わさわささし登せまいらせ候、此間彦太郎様（京都松原の銭屋高松）御下りにつき、金子《きんす》は御同人ことつげ、猶また御申しこしの衣類、いずれも御同人へ御たのみ申候へはさだめて二十二、三日頃までには松原よりお届け下され候はと存じまいらせ候。

何事も手紙にてはわかりかね候ゆへ、此度はわさわさ茂助遣し候事に候間、詳しくは口上にて御ききとり下さるべく候、……かまぼこ十枚遣し候間楽亭様と入江様へ御あげくださるべく候。よほど暑さになり候故かまぼこも日数はもたぬよしに候間、早々御あがり下され候様御ったへなさるべく候、もめん壱反かなへ様へ御あげ下さるべく候、……祇園会の頃上京いたし度、万事は其のせつ申入れべく候、あらあらめでたくかしこ」

これはまるで母親のような心配りである。十五歳下の妹に対して、丁寧な言葉遣いに、やさしさがこもっている。千賀は、これを読んで気持ちが安らぎ、心丈夫になったに違いない。

千賀が上京して二か月たった天保十二年五月の書状で浮丘は、自身が上京する折に、千賀に持参する品を書き出しているが、千賀以外にはいいにくい身内の悩みも記している。

「……有栖川様へ御目見得なされ候よし……いずれ一日もはやく何れへ成とも御奉公に御あり

付きなされ候様御心得下されべく候、今になり候て無駄におかえり候ては実は世間体もあしく、春以来大そういたし候事もむだと相成りあまり口をしき御事に候間、何分にもしばらく御奉公なされ候様御心得下さるべく候。きぬの風呂敷、おしわた、粉のりなども上京のせつ持参いたし申べく、もし又上京のび候はば、後より飛脚に出し申すべく候、……寛三郎成人いたし大いにわるさいたし申候、おことも大分大きうなり申候、千之助寺子屋行大きらい、毎々修羅をはじめ申候、富太郎かんしゃく殊の外きびしく、昨日は脇ざしをぬきあばれ申候、楽亭様御出之節にも粗御らん下され候通さてさてなげかわしき御事、心をいため候事計に御ざ候、重太郎は通例の人に候得ども、是も手習い嫌ひ夜遊びはじまり持てあまし申候」

子供が浮丘の意に沿わない行動をとる勝手気儘さを告げて、歎きを分かちあえるのは家族であればこそである。それを妹に告げたということは、浮丘が「なを」を信頼し愛していた証拠であろう。

しかし当時、これほど正直に悩みを妹に告げるような一家の主人《あるじ》がいたであろうか。

富太郎は庶子で、重太郎は先妻の子である。後添えの妻みきが、自分の生んだ子に接する気持ちと、富太郎らへの気持ちが違うのを見て悲しく思うのであるが、それは「まことの母子のごときにはあらぬふしぶし、おおかたは世のならひなるものから、いと心うくなん」という心境であきらめていた。

つまり、それはまた世間一般の人情としても仕方がないようにも思えるのである。富太郎の乱暴があまり手に負えなくなると、下男を付けて金毘羅参りにやって、その留守中、妻みきとほっとするのであった。だが、悩みの子は嘉永四年没してしまい、浮丘はその悲しみと悔いをうたに残した。

千賀の奉公先は楽亭の妻かなえの世話で、翌年五月、有栖川《ありすがわ》親王の没後、薙髪《ちはつ》して芳井御殿に住んでいた妙勝定院《みょうしょうじょういん》宮家に奉公することになった。宮家は「千賀」の名を「なを」と改名するようにと下命があり、以後は「なを」を称した。このとき「なを」は二十八歳であった。

有栖川家に提出した書類に、楽亭の妻を、千賀の叔母と記しているのは、斎藤楽亭の家が京における宿下がりの場所であり、保証人であったためである。縁者ではないただの画師では、受け付けられない可能性があった。一般の画師はまだ身分が低かったのである。事実上は叔母ではない。

楽亭の妻かなえからも、「なを」に書状が届いている。男の楽亭の名で出すよりも、叔母と届けているかなえが差出人であるほうが詮索されないと考えての事であろうが、実際は楽亭が書いたのである。手紙に描かれた挿絵も楽亭の筆である。ひょっとしたら、かなえは文盲であったかもしれない。

「次第にお慣れなされたでしょうが、大廟にお入りなされたのですから、何事にもびくびくせずに、問うのがよろしいかと存じます。此の間は、すもじ（寿司）のことお申し越しでしたので、御持たせ致しました。なおこの節は暑さで損じます故、鯛などはつかいません。うなぎとあわびばかりですが、うなぎはお嫌いのこと故、別注文の特上の鯛をあつらえました。八人さまへお上げになるのでしたら、一朱にては少なく二朱分を申付けました。尤も鯛ゆへ代金の割にはかさも少ないと申します。早くお上がりなさるのがよいと存じます」という文面である。「なを」が寿司が食べたいということ、更に朋輩らと鯛を食べたいので都合できないかと知らせてきた返事である。

鯛や寿司を購入する金子は、浮丘から預かったなかから支払っているのである。

それにしても鯛が何匹か知らぬが、二朱とは驚くべき高さである。恐らく「なを」は当節の物価についての知識はあまりなかったのではないかと思われる。

天保十二年九月十五日の書状では、「なを」が注文したお土産について、こまごまと記し、更に「なを」の字の間違いをやさしく指摘してやるなど親も及ばぬ配慮を示している。

「御無事に御勤め成され候由安心いたしまいらせ候、……十月十日頃より上り候様にと御申越し承知いたしまいらせ候、御みやけもの之儀皆々承知したし候、先日より何ぞさし上度心掛居候へ共、かには此頃とんと風味も宜しからず、日数も経かね申候、さはら、かつをの類此節さっぱり之無く、段々おそなわり申候、上京の節と申候ても都合よく参候事覚束なく候故、それまでに、ととのい次第飛脚にでもさし上げ申すべく候、雀鮨は今に大坂に店之あり候やいかが、是も近々たづねさせ申すべく候。その外御菓子・まんじゅう之類は上京の節持参いたし申すべく、まゆはけ・びんつけ・干がれ・かきもち其外注文の品々一緒にさし登せ申すべく候」

と、お土産のことは心配しないでいいよと書いたが手紙の後半では、「なを」の字の間違いを注意している。

「御手跡少しよろしく相成り候」と褒めたあとで、「敷」の字の草書と「處」の字の草書がいつも一緒になっていますからご注意ください、と述べているところなど、兄というより父の忠告のようである。浮丘の筆跡も素晴らしい。妹に読みやすいように、できるだけ字を崩さないように気をつけているのである。

ところが「なを」は、翌年里帰りしたあと御殿に戻ってから、兄浮丘に朋輩のいじめにあい、生きていられないほど辛いと、訴える手紙を送ってきた。

天保十三年三月十一日、浮丘はそのような妹をこう諭した。

「男女に限らず仕《つかえ》の道には、必ず妬着をうくるが古今のさだまり、是程の事の御覚悟なしにかかる御奉公御のぞみなされ候は、ちと不覚と申すものに御座候、御暇さへ被為下候御事ならば世間体の事は大事なく候間、何時にても御帰りなさるべく、夫には御心配に及ばず候へ共、傍輩の機嫌が取りにくいと申して……是式《これしき》の事に生きてゐられぬ様におもふなどはいか成愚痴《なるぐち》に候哉……其の後の様子又々急に御手紙御つかわしなさるべく候、みきはじめ小児共皆々無事、御安心下さるべく候、かには評判よろしき由大慶いたし候、かれい（鰈）も、とどき候哉」

最初は諭しているものの、辛抱しきれなければ、お暇をもらって、いつでも帰っておいでというやさしさにあふれた文面である。

兄に甘えてはみたものの、「なを」も思い直しているうちに、朋輩との間も円滑にいくようになったが、帰りたければ、自分の居場所はいつでも古里にあるという安心感も、「なを」の心を安定させる作用があったようだ。

ところがその年十一月、楽亭夫妻が突然失踪したことを、「なを」の手紙で知った浮丘は次のような書簡を「なを」に送った。

楽亭には「いざ」という時のために、金子も預けている。そのうえ宮家と里井家との連絡仲介所でもある。さすが温厚な浮丘も妻女のかなえはともかく、楽亭本人からの連絡がないので怒りを抑えられなかったとみえる。書状が長いので簡略に内容を説明することにする。

「楽亭子は喧嘩して離別致され行衛しれ申さず候由、さてさてけしからぬ事の御座候。当方へはとんと様子相聞へ申さず、漸う今日の御状にて承り誠に誠に驚入申候」

と述べ、それにしても宿下がり先をきめなければなりませんと、京在住の知人である医師平松俊三医師宅や銭屋高松宅、野之口隆正らの家はどうかなどと「なを」に諮っている。

そして楽亭に預け置いている品々もあるので、それらはどうなっているのか詮索してみなさいと注意したうえで、兼ねて楽亭子はよく存じている人と思い信用したが、この通りの結果になった。何事もむざと信じるのは、止めたほうがよろしい。冬のうちにも御帰郷下されるのが一番の安心です。と述べている。

「なを」の奉公が四年を経過した頃から、浮丘は「御上京後、はや四年になります。どうぞ近きうちに御奉公をお引きなされるようにお願い申します。みきも毎度さように申しています。親戚もみな、その通りに申しています。どうぞどうぞ御引きなされるようにしてください」

という手紙を何度も送っているが、楽亭の失踪で更に「お引き取り」をくりかえし勧めた。

これは親戚たちが御殿奉公なんて長く年季をつとめても、何も恩典がなく、世間と疎くなるだけである。「なを」も、この辺りでお暇をもらって帰ってきたほうが、これからの身の振り方も相談できてよいのではないかという意見であった。浮丘は「そうだ自分が元気なうちに、「なを」の終身までの生活費をとりおき、息子たちに、くれぐれも、「なを」の面倒をみるようにいい聞かせておかなければならないと考えたにちがいない。

浮丘が「御引き取り」を勧める手紙を送ったあと、「なを」が、それでも嘉永三年秋まで奉公を続けたのは、宮家の妙勝定院宮に可愛がられ、年季も重ねて朋輩とも話が合うようになったためであろう。

宮家に御奉公の間、「なを」にはいくつかの縁談があったがすべて断った。しかし天保十三年のころにあった縁談は、京都の銭屋高松常次郎の亡妻のあとに身内の「なを」を迎えたいという話で、すぐには断れなかったようである。この話に積極的だったのが隣家の伯父元徳（忠左衛門）である。

「治右衛門の家には子供が大勢いて、今後の身の振り方も大変であろう。せめて一人ぐらいは片付かせてはどうか。そこもとからも、千賀によくわけをいい聞かせてやってはどうじゃ」

と伯父は浮丘にいったのである。

元徳が「治右衛門の家には子供が大勢いて」といっているのは、当時七人の子を抱えていたことを案じてのことである。

浮丘の子は男子六人のうち五男、六男は夭折したが、女子三人がいたのでつごう七人であった。

元徳は甥・姪たちの縁組の世話を見てきた実績を背景に、大勢の子供たちも身の振り方を考えるのは大変なことだから、せめて妹のお千賀を方付けてはどうじゃと助言したのである。

元徳夫婦には子がなかったので、文助の六男を養子にして跡継ぎとしていた。

文助の七人の男子は、里井文助の跡継ぎとなった四男と元徳夫婦の養子となった六男の外、長男は平松氏に、二男は食野氏に、三男は京都の高松氏に、五男は江戸の奥氏に、七男は浮丘の兄孝胤にと、みな家格にあった家の養子となっていた。

文助伯父の古希祝いの宴に連なった浮丘は、子供たちに囲まれて幸せそうにしている夫婦をみて、子のない元徳伯父の歳賀の宴を盛大に行いたいものだと思った。

画は天保十二年の元徳八十歳の賀宴の様子を絵師に描かせたものである。この三年前の喜寿の画も残っているが、それは横に描かれ、傘寿の祝図は縦軸であるという違いだけで、描かれている内容は同じである。

平松氏を継ぎし太郎と親の家を継ぎし四郎が碁を囲むのを、かたえより見る者は、この家を継ぎし六郎なり。瓶に花を挿しているのは二郎にて、食野氏を継げる者これなり。都なる高松氏を継ぎたる三郎は立ちて舞う。従兄弟孝胤の後となれる七郎は謡う。五男奥氏は元徳夫婦に茶をまいらせている。

里井元徳傘寿祝画図
（岸和田市郷土資料館蔵）

賀宴を主宰した浮丘は、このように説明しているが二枚とも、全く同じことをしている図である。

異なるのは着物の色の違いや、人物の配置が少し違っている程度である。おそらく喜寿祝図を参考にして同じ絵師が描いたのであろう。賛は浮丘が書いた。

どちらにしても総じてにぎやかに、浮丘がいう「おそろしい歳となられた伯父」を喜ばせた。千賀の縁談の話は、この席ででたのであろうが、この伯父を父とも慕っていた浮丘は伯父の配慮を無碍に断ることはできなかったのである。

浮丘は、そのことを「なを」に長文の手紙で書いたが、だからといって、いやいや承知することはないと次のように書いた。（原和文）

「山一御老人（元徳伯父のこと、山一とは屋号）には、お千賀とてもまだ年若い人の事なので、将来いかような事になりゆくか、測るのは難しい。だからといって独身も不安心とのお考えからでたことです。しかしあなたの気質は拙者がよくよく存じていますので、この話にはさっぱり気遣いいたしませんが、生涯ひとり住まいも頼りなきものです。その上拙者いつ迄も元気で生きていればよろしいが、頼みがたきは老少不定《ろうしょうふじょう》の世です。万一拙者など亡くなった後、ご当惑なきようにと存じるまでなのです……何分にも此方や家内に気兼ねして、いやいやながら承知すると申様な事はけっしてないようにしてください。御承知できないならば、只何となく御奉公を引くのは、姫宮様の御恩をわすれるようにて心に忍びません、とのみ御申越しなされて、すませることがいいとおもいます」

伯父も浮丘も、「なを」の将来について、生涯一人住まいでは、頼りないものであると心配する事では同じである。しかし浮丘は「なを」の気質を十分に知っていたので、いやなら承知することはないと書き、更にその断り方まで指南しているのを読むと、思わず微笑んでしまう。「なを」は、結局九年間の宮家奉公を勤めて湊浦に帰ってきた。兄の準備した通称「下屋敷」とよばれる離家に入って、七十二歳で生涯をとじるまで糸紡ぎや家事の手伝い裁縫や琴の教授をして暮らしたのである。

七　落魄の楽亭

㈠ 画商 楽亭

楽亭というのは不思議な人物で、国学者の大国隆正を連れてくるかと思えば、宮家奉公人の口入屋稼業めいたこともする。顔は広く、京都の画家で彼を知らないものは、偽画家であるといわれるほどであった。それなのに大抵は懐がさびしく、浮丘へ宛てた手紙にはカネがない、カネがないと書かない日は珍しいほどである。手紙のなかで、銭は◉を一分銀などは▣と記している。対山の浮丘宛書簡は画事に関する事務的なものが主であり、隆正の書簡は、自分の書物の出版や徐々に国学が認められて地位が上昇していく様子を述べたものが多い。どちらも自己中心的といえるものである。

その点楽亭の書簡は、自分の弱さをさらけ出して本音を述べているので面白く、庶民の暮らしぶりや時代の特色もよくわかって貴重である。

浮丘の『行余楽記』『日省簿』に、楽亭書翰来、寄書楽亭、楽亭返書來、と几帳面に記されているのを見ると、他の人たちに比べて楽亭と頻繁に書簡がやり取りされていることがわかる。

画の売買のことや、妹「なを」のこともあって書簡の往復が多かったのは、やはり楽亭が体裁を飾らず苦しいこと、嬉しいことを思いのままに述べてくるので、浮丘も返事を書かざるをえなかったのであろう。加えて二人とも筆まめなところが書簡の往復を繁くしたのであった。浮丘の書簡が残っていれば「浮丘＝楽亭往復書簡集」という一冊の書物になるのにと残念である。

楽亭は浮丘に頼まれて、その所蔵画の目録を目利きの人に見せて、価格を訊いて知らせたり、また里井家蔵の画を京都で売ったり、京都の画家の画を浮丘やその知己に売ってもらう、つまり画の斡旋をして手数料を稼いでいた。浮丘は楽亭から送られてきた梅逸所有の吉花双鳧図と四時花鳥図二幅を見て、後者を選び代金三両二分を京都の高松氏に託している。いわば画商のような仕事もしていたのである。

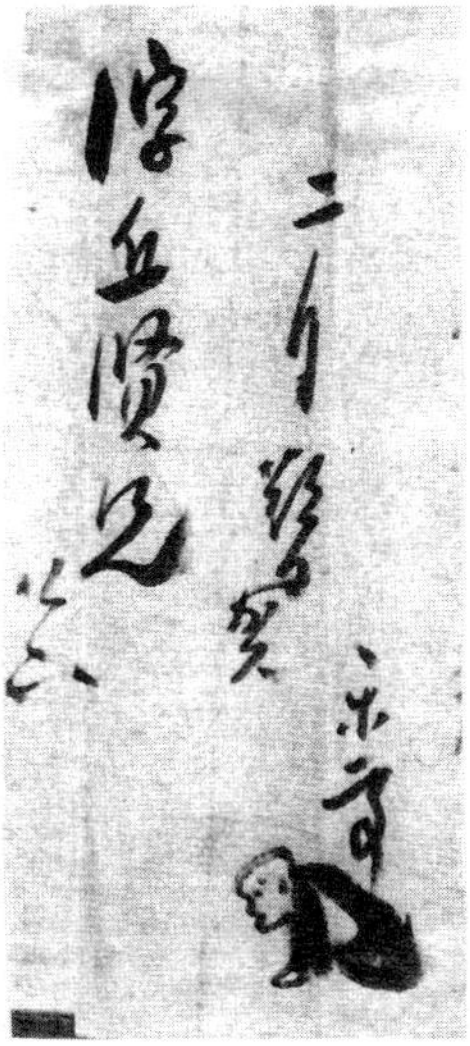
斎藤楽亭書簡のおじぎ図

もちろん自作の画の売り立ても浮丘に依頼しているのだ。

「此の頃描いた山水二幅を送りますので、平九郎様（平松）、長谷川様（盤石）にお取次ぎ願いあげます。外にも描きたまった画が二、三枚あるので、西涯様にもお取次ぎくださるまいか」

といっている。

「拙画売物、お世話下さり恐れ入り奉る。お遣わし金五百疋、二朱は諸費用の当てとして送り下され御預り申し上げ候」という書簡があるが、皆川淇園の画は絶品ですから皆川の画を売るようにとも勧めている。

また直接、菊川西涯にも画の売り立てを願う書簡がある。

「先だっては合作画の南鐐一円御送り下され、夫々配分仕候」というのがあるが、「画代は少々まけても、後の百より今の五十というほどで、近いうちに売れる方が都合よろしきことお含みおき下さい」と述べたのもある。

ここで楽亭や対山などの書簡の引用について、原文を引用する時もあるが、特に楽亭の書簡は当て字や誤字が多く、そのまま引用すると、説明が必要になり、またくだくだしい文が、かなりあって引用が長くなるので、現代文になおして省略もしている。

浮丘は楽亭自身の画も泉州の富裕層に売ってやっていたが、彼の山水画や蘭や竹の水墨画は飽きられたのか、あまり売れ行きがよくないので、斡旋は断りたいと書き送った。

楽亭は浮丘から預かった売買の資金を決済せず、京都での暮らしには、やつす（身綺麗にする）ことも必要で、下僕の一人も連れて歩きたいので、なかなか金子が足りないのですなどと述べて、上納金を延引してほしいと頼んでいる。この上納金というのは絵画の取引できめられた楽亭の支払分のことであろうか。このほかにも浮丘から借りた金子もあるらしい。

楽亭の書簡には、お辞儀をしている自分を一筆書きしたのが時々あるのは、自分の心中を浮丘に知って欲しかったのであろう。

時に注文があると「絶えず注文御座候てお蔭にてゆたかに年を迎え可申候」と喜びを素直に書き送っている。

(二) 楽亭の失踪

楽亭夫婦が突然失踪してしまったことを、「なを」の書状で知った浮丘は、

「楽亭子は夫婦喧嘩にて離別いたされ、行衛知れずとは、けしからぬことです。当方へは、とんと様子が聞こえてきません。楽亭子はどうしても、いきさつを私に知らさねばなりません。……兼ねてよく存じていると思っていた楽亭子さえ、このような事ですから、何事も、むざと人を信じるのもどうかとおもわれます」

と、「なを」宛にその怒りを書き送った。

今までは「楽亭様」と呼んでいたのが、「楽亭子」となっているのである。

その楽亭からやっと書簡が届いたのは天保十四年六月であった。浮丘が知ってから六か月が経過していた。

「一筆啓上仕ります。……此方様には赤面の至りで申し上げ難く、只今まで書状もあげられないほど恥ずかしく存じている次第です。おちか様の事もあり、その後も如何なされておられるかと心にかけておりました。またかねて御懇意にさせていただいたことを思うと心苦しい限りです。たとへ御見捨てになっても、書を呈し御安否も伺いたいと、一昨年より存じていましたが、一所不住一日安心之事も之なく、兎角恥じ入り候事あるのみです。貴君の御立腹のほど察し入り、御無沙汰してしまいました。……

敦賀で何を思ったのか、書画を安く購い、京で売って儲けるつもりが、欲が先走ったのか、見損じて損失多く、どうもこうもならず、家財残らず売り払い、家明け、妙心寺で七、八日寓居いたし阿波へ着くも、この地は逗留が難しく、また昨年十月に和歌山へ参り、四、五度も居を移し、この節は吹き上げという屋敷に寓居しています」

この書簡から楽亭は和歌山や徳島をうろうろしていたようである。

しかし吹き上げ屋敷の長居は難しく、小さな家を探して、どうにかして和歌山で落着きたいと思うのであった。また落着けば浮丘の信頼を裏切ったまま、今日に至った詫び状を早く書かなければならないと焦った。

　次は楽亭の書簡の続きである。

「妻かなえとも京で大口説。互いに離婚の覚悟です。妻は霜月中頃より床に付き、困窮中の長病、さてさて大難儀なことになりました。私も大いに骨髄しみわたり肉も落ちてしまいました。京にも借財があり、どうしても稼ぎ出して、皆々返済仕るべきと存じています。おちか様のお預かり金出入の書付は出立の節、おちか様に差し上げておきました。是も少しお戻しすべき筈なのですが、しかとは覚えていません。書付がありますので、お聞かせ下さい。遠からぬうちに返上仕ります。おちか様には大不実となり、その不義不信は尊君様から。これを限りに交際を絶たれてもお詫びの申しようもないと存じます。いかようにいろいろ申し上げても、いたずら事と存じます」

　と言い訳めいた内容である。預り金の清算もせず、失踪から半年近くたっているのである。浮丘は楽亭に対する不信感がつのり、自分の人の好さに嫌気がさしたであろう。

　楽亭は、和歌山で四、五度も宿替えして、やっと八月八日に和歌山城代竪町東側表にひきうったが、転宅が重なり、借財が多く懐は淋しくなった。和歌山へ来たことを後悔しながら、京ほどよいところはないと改めて思うのだった。なんとか和歌山で年越しの銭を稼いで京で正月を過ごしたいと願った。

翌弘化元年四月、楽亭は浮丘に書簡を送った。

「一昨年、かなえを離縁して、所帯道具はそのまま残し、身一つで江州八幡から日野辺りへ稼ぎに行き、思いついて伊勢の志摩、鳥羽あたりで稼ぎました。去年十二月押し詰まって帰京、木屋町二条半町南表に落ち着きました。名も則順を道一と改名しました。五十五歳になったので、今までのような出稼ぎ旅行は難しくなりました。墨梅竹の押絵を画いて、親しい人に一双文金一両で納めさせてもらっています。貴大家は恩借りもそのままになっているので、先ず一双はそのうち御取り下されたく願います」

と書いてきたが、浮丘は返事を出さなかった。

しかし無名の画師に一両も出すか疑問。嘉永六年の「文久元年（一八六一）の「新書画価格表」を見ると、上段の第一段に掲載されている探幽の金五両と大雅の金千疋（二両二分）を別格として、一蝶が六十匁（一両）、抱一が銀一枚（一両弱）、霊泉が六十匁である。私が好きな崋山は四十五匁で一両に及ばないのである。ちなみに竹洞が五十匁、岡田半江と梅逸が三十匁である。楽亭が一両で売ったという弘化元年から十六年後の価格表であるとはいえ、一両とは信じられない値である。

弘化二年、楽亭は五十五歳となった。いつも楽亭は書簡に自分は何歳となったと書くのである。先日海屋から、「これからは文人画ですよ」といわれて海屋の門人となったが、明け暮れ◉（銭）

が欲しいと思う自分のような人間は、真の文人画は描けないと思うのであった。このような年寄りが、文人画を目指しても物にはならないと思うものの、文人の端くれになるには、書見が大事とばかり、ひさびさに机を出した。机の上に広げたのは、やはり楽亭の好きな荘子である。

夢の中で孤蝶になって、楽しく飛び回っていた荘周は、目がさめてみると、胡蝶ではなく荘周であった。だが通び廻っていた時の荘周は胡蝶であり、胡蝶が荘周であり、区別がつかなかった。即ち「宇宙万物」のありのままを肯定する「無為自然」の考えが楽亭の心を慰めてくれるのである。

一寸金子が入った楽亭は、見得を張った末に、また懐さびしくなったことを浮丘に書き送ったが、それは嘆き節というより、自分を客観視して嗤うというものである。

しかし不安なく京暮らしができる日の見通しは暗いのである。

「皆々やりて嬶離別、残るは筆と身一つに江州、伊勢に一年半、十四五両を懐中に冬から春へ旅籠屋に伊世（伊勢）の大夫と学僕と三人遊んで三十日、飲んで食べるの散財に六七両も費やして、春にいたりて町の家建具まで求める程の用意なく、生養生にはあらねどもやむを得ずして木屋町の川付座しきの仮住まい景のよいとてどやどやと、来る友とち（だち）に飯よ酒膳でんがくが繁盛し、金子はなくなり目を覚まし思いつきたる梅竹を百双かいて、売りつけて百両よせて、たんすから畳建具や米などと鍋釜までも買いたてて、楽亭えらいと人々にこれ見よがしとせんものと、春からよみし腰折れを短冊千枚書き尽くし、東西南北遠近の馴染みの国の家々に買うて下され願升、何の角（かの）とでへつらいの油ながしたその状は三好奉書二つ切り……日毎にかいた梅と竹、三双五双出すのにも一つ一つに添状と大きな紙の上包み、その度々に飛脚屋へ持ちいくのにも不便なり、はずみてかいた四十双半分ばかりはようようと、義理や情けで買い玉ふお客の恩は忘れねど伊世・江州や大坂や和泉・紀州に播州も三百文の日雇いを頼みてわざわざ持たせやる賃紙代の元費用、差し引きすれば何もなし嬶がないのでとやかくとかみつく声はきかねども、宿料、米屋に酒、木柴早やうやりたい払いたい正直律義に思へども、金がなければ是非もなし……」

飲酒の結果か、楽亭はこのような調子のよい書簡を時折書いた。

しかし、暮らしはその日その日をやり過ごす火の車ではあるが、貧乏暮らしを耐えるための火の車というものではなく、先の見通しはない。

結局、薪炭代にも窮して、下僕を連れ、楽しみしていた祇園会も後に、大坂の船着き場の茶屋に泊まった。考えることは大坂の知己に下僕を遣わして無心することである。

その知己らからのお恵みで茶屋の払いをすませ、炎天下に苦しみながら有馬の温泉にある兵衛宿に草鞋をぬいだ。

懐には五十文しか残っていないので、一夜の払いもできない。それでまた考えることは、昔馴染みの三人を呼び寄せて、飲食しながら懐旧の情を呼び起こすような話を盛り上げた。

三人の前で山水画や竹、牡丹などを描いて買ってもらい、宿賃を払ったが、湯女、下女、下男にも百文の心付けを渡した。番頭以下に丁寧に見送られて出立したものの懐具合は心細い限りである。

そこで播州まで足を伸ばして、小野にある隆正の息子宅で泊めてもらい、翌日は義経のヒヨドリ越えの山中で一泊して兵庫の浦から二百石の新造船に乗り、追手の風に帆をうけて、ひと時ばかりで大坂の川口に入り、七つすぎに、打で屋の川船にうつり、淀川を上って伏見に着き、そこから竹田街道をさしいそぎ、四つ半時に木屋町の仮の住居にやっと帰り着いた。

そこで楽亭ならぬ道一は、自分にしまりがないと大いに反省。以後は慎んで節約し、せめて死に金三百目ぐらいは引き出しに残して置きたいとものだと切に思うのである。

このような行き当たりばったりの行状記を浮丘に送った。

これを読んだ浮丘は今更ながら、楽亭の生き方が自分とは全く異なる人種だと思ったが、責めたり、遠ざけたりするほど、いやではなかった。

少し儲けたら召使を置いたり、温泉に行ったり、料理屋に行ったりして、すっからかんになると今度こそ大いに稼いで、京に住みたいとか、美味しいものを食べて楽しみたいものだなどと想う楽亭は小さな楽しみを求めて生きる「まっとうな人」かもしれないと思うのだった。

楽亭は多少見得もあって書いているのだろうが、浮丘が自分の浮かれた書簡を読んで、どう思うかなどと考える人ではなさそうである。

京の「なを」が嘉永三年お暇を取って帰ってきた。

「なを」が御殿をさがって、湊浦の隠居所（下屋敷）に入ったという噂をきいた楽亭は「羨ましいことだ！　私も隠居して好きなことがしたいよ」と叫んだ。

(三)　わっと泣く楽亭

嘉永四年、八月四日楽亭はしばらく無音にうちすぎていた浮丘に手紙を出した。

毎回手紙に和歌山は稼ぎ辛いといいながら、やはり和歌山で稼ぎを続けるのは、知人が何人かいて安心するのと、若い時に住んでいたため土地勘があり、馴染みがあって、年寄りの不安を幾分なくしてくれるからであろうか。和歌浦に「不老橋」という石橋が懸りましたと手紙にその石橋を筆で描いた手紙にこう書いた。

「銭がなくては京へ帰りづらいので、当分和歌山で長逗留して稼ぐつもりです。京の橋もいくつか崩壊して、淀川筋も思いやられます。京の米価は和歌山よりも高く、お救い米などが米屋に出ても、国に米が少ないため小売りは一升より売りません。一升の白米百八十は高いです。この節の困窮は先年の米高の時より難しい由で、寺もお頼み申していた画はお断りと云ってくる始末です。

これも異国船ゆえ、かようになったのですね。実に諸国に米少なになり、世直しは早く静まって欲しいものです。このような時節には游業というべき画や書は売るのが難しい。日用品のほかは無益の翫物《がんぶつ》類です。風流雅人の貧乏は当たり前です。

また注文下おとり下されたくお願い申しあげます」

しらぬ画は　どこの道一ととふ人に
　名をかへてきた再答（斎藤）らく亭

という洒落のめした歌をよむ楽亭は、楽天的というより、自分を嗤いながらも、明るく生きていこうとする人間のようである。

嘉永五年五十四歳となった楽亭は、痔疾を抱えながら和歌山から京へ帰った。そして今度こそ京を自分の終焉の地ときめたいと思うのであるが、銭のない楽亭は京に留まれず、またも紀州や南都へ出かけるのである。

隆正は楽亭に会うと料理屋などに誘って、励ますのであるが、楽亭が長期間、京の貸家を留守にすると、大いに心配したふうで、浮丘にどうしたのだろうかなどと問うのである。だが楽亭の困窮ぶりを自分はあまり知らぬことにしていたいのである。

二月三日、底冷えのする奈良で、楽亭は表具屋へ行く途中、ちょっとばかり眩暈《めまい》がして、傍の壊れた石垣に凭《たお》れた。しばらく休んでいる間に気が付くと、近くの庭につぼみをつけた梅が何本もあった。

それを眺めて六年前に、女中であった者の家に寄寓していた時のことを思い出した。

広い裏庭に梅が咲き、畑に作物が植えられていて、それを見ていると、何となく気持ちが晴れやかになったことである。そうだ今年は精出して儲け、家を建てよう。夏向きの家で三間建てぐらいの普請をしようと思うのであった。

眩暈がなおると、流行している風邪にやられたのかもしれない。帰って早く薬をのもうと起き上がって手についた土をはらった。

不如意な生活のなかで、夢をみなければ頑張れないのである。また落ち込んだまま画を描くことなどできないのであった。同じ単純作業を繰り返す仕事なら無意識でもできたが、画はそうはいかなかった。

画を描いて暮らすのは、精神的にも体力的にも苦しくなってきた。けれどいやいや描いているわけではない。また楽しみですらある。三月中は尾崎で働き、卯月初めは樽井の源伝様へ参って、少しでも画いて、船で兵庫の高砂辺りから市場まで行って、残してあった布団を入れた桐の大長持ちを取り出し、夏になるまでに南都へ帰ることにしよう。それにしても最近は、身動きしても、筆を執っても大いに疲れるのは困った。

しかしまだ二、三年は注文画を描かねばなるまい。自分が描きたい画を何の心配もなく画けるなら極楽だがなあ、と楽亭は天を仰いで嘆息した。

文人の交友も面白くなってきた。のめば仲間そしり、風雅風流を気取ってはいるが、中身は野卑である。本当の文人はみな死んで似非《えせ》文人のみが生き残ったのだなあ……この道一も本当の文人にはなれなかったようだと思いながら、疥癬《かいせん》で赤くなった首筋を掻いた。

楽亭の書簡は、嘉永三年頃から頻繁になり、毎月一回乃至《ないし》二回も浮丘に届くようになった。なかには、五月には縁談が嫌いという「なを」に縁談を紹介したり、それとは別に和歌山の用人で二百石の某氏の子息の縁談を浮丘に頼みたいなどと書いてくるのだった。

「六月になって、この間年代記を見ていると、自分の年に足らない人たちが、多く死んでいることを知りました。徂徠先生が六十三歳、応挙も六十三歳で死んでいます。道一も今年は、その歳なので、念仏は唱えたくないのですが、旨いもの食いたや、楽しみたやと思いますが、それにつけても金のほしさや、嗚呼です」

などと繰り言をのべている。

あからさまに浮丘の援助を求めてはいないが、本音は浮丘が頼みである、でも以前のように気軽に画の周旋を頼むことはできかねた。浮丘は帰省していた対山に、京の楽亭の様子を訊くと対山は、あまり関心がなさそうな顔でいう。

「あまり自分は好かれてないようで、京におられても拙宅には顔をだされません。住処《すまい》も始終かわり、どこにおられるやら存じません。あちこちの知り合いに画を売り歩いたりされていると聞きましたが、足も弱って杖をついておられるそうです」

楽亭は結局、和歌山であちこち歩きながら、画の注文をとろうとするのだが、断られたり採算が合わない値をいい出されたりして疲労がつのる。粉川、五条と老いの身には、かなりの道程だが、懇意の家や、昔の門弟の縁をたよって屏風絵を描かせてもらおうとする。新築の家の上物の襖絵を描かせてもらうことになり、ほっとするのも束の間、主人が襖片面を百匹づつ薄粉色で面白い画をお願いしたいという。楽亭はあまりに安いので思わず断って出立した。

疲れた心身は、道端で休みたいと、木の影を探すのである。少し休むと気持ちを奮い立たせて、夢中で九里を走るように歩いて、小泉の知人の屋敷で二泊させてもらい、やっと南都に帰った。

人心地がついて、懐の銭を勘定すると三百文もなく、これでは和歌山へ出かけていった甲斐もないと、思わず、わっと泣いてしまった。

しかし、そこは楽亭である。また楽天的に考え直すのであった。思うようにならぬは世の習い。金あれば病あり、命も短い。金無ければ病なし。おのれ六十三なれば、尋常の人は皆隠居する。さてさて何時、めまい、卒中にて死せんには、極楽参りの賽銭もなし。そこで神道に立ち返って極楽の蓮の台に登るより、高天原の土となろう、などと考えるのである。

和歌山でも仕事がなくなると、泉州尾崎のお得意方にねだって、画を二両で買ってもらい、これで道中費用ができたと喜ぶのであった。好きな画をかくのは楽しいが、難しくていやな画を頼まれたら、千疋でなければ引き受けられないと思うのである。そして京をしばらく留守にしていた間に、懇意の人がえろう死んでしまったことを知らされると

故郷の花の都はかわらねど
　友は少なくなるぞ悲しき

という現代風の歌もつくるのであった。

㈣　楽亭、浮丘に遇う

「なを」のための用金に手を付け、しばらく姿を隠していた楽亭に、愛想がつき、交際を絶とうとした浮丘であるが、謝罪の言葉や返金を誓う言葉を並べた手紙を何度も送られて怒りが少し和らいだ。よく考えれば、懐に一朱もなく、泣きたいのを堪えて懸命に画を描く楽亭が可哀想にも思えるのであった。

いってみれば、浮丘の屋敷が楽亭のアジールであり、画の売買を頼める唯一の画廊なのである。

浮丘に見限られれば、楽亭の前途は真っ暗になるのだ。だから機嫌が悪いのはわかっているが、御機嫌伺いを兼ねて自分の近況を知らせる書簡をずっと送るのである。

嘉永三年（一八五〇）、楽亭は兼好法師五百回忌のうたを記した書簡を浮丘から受け取った。愛読書の『徒然草』はいつも身近に置いているのに、この手紙を読むまで思いつかなかった自分を罵った。そしてやはり自分を忘れずに、兼好法師のことを知らせてくれる浮丘が懐かしく会いたい想いが募った。

兼好法師が死んだのは、観応元年（一三五〇）であるから嘉永三年は五百年忌にあたることを思い出したのだ。『徒然草』は格好の画題ではないかと思うと、楽亭は楽しくなった。

兼好法師は楽亭の生きる目標でもある。徒然なるままに、一人でのんびりと、心に浮かぶことを書き連ねるのは、自由人であってこそできるのである。楽亭は自分のように長く生きて、世の中を見てきた者は、皮肉に世間を捉えることができる。それ故粗末でもよいから生活が保障されれば、絵入の現代版徒然草を書きたいものだと想っている。

江戸時代初期の画師海北友雪は「徒然草」の二四四段ある話の内容をすべて描いて、「徒然草絵巻」に仕立てているが、ほとんどは茅葺の家に、草木が生い茂る画で、どれも似たような画である。

鎌倉末期は身分のある者でも、隠棲すれば住む場所は山中や片田舎であるから、そのような風景になってしまうのである。

楽亭は、それに類した画ではなく、自分の徒然草の画を描きたいと思った。しかし鎌倉幕府滅亡の頃の風俗画がわかりづらい。ここは辞典にされて、御機嫌になる浮丘大天狗にお頼みして御教示いただこうと考えた。そこで、先ずは内容も好きで、描き易そうな三つの話を選び出した。

第百九段「高名の木登り」、第百八十四段「時頼の母の障子張り」、第二百十五段「最明寺入道」

である。これらについて浮丘の意見を求めた。

浮丘は、時頼が「土器の味噌」で酒を飲むところでは、時頼の衣服、器物などについて、有識の人に尋ねて描くことが大切であると忠告した。楽亭は当今流の今様まじりで描くつもりであったので、やはり調べて描かねばなるまいと思い、面倒だと思ったが、やはり嗤いものの画になるのは避けたいと思うのだった。

楽亭は『徒然草』を画にしたのを、双林寺の展観に出してみたいなどと思いつつ、筆を揃えた。しかしこれと想う画を描くのにも、紙や墨が要る。よい紙は高い。だが画はなかなか売れない。

楽亭は画人仲間が売っている漢方薬の販売をすることにした。

てんかん、遺尿（夜尿症）、疥癬《かいせん》、臀部《でんぶ》のできものなどの薬を行商すると、案外よく売れて、甘辛両方いける楽亭は、いそいそと饅頭や酒を買った。

嘉永五年春、画を売りに樽井に出かけた折、偶然浮丘と会うことができて、楽亭は大喜びした。浮丘は杖をついていたが顔色は良く、頭巾をかぶっていた。

浮丘はこの頃、文人との交游に飽きがきていた。挾芳園に書画を観にくるのは、「ついで」で、借金の申し込みや書画展の後援を頼むのが狙いだったり、噂話に熱をいれる人が多くなったと感じていた。

それで以前に楽亭がいったことばがしきりに思い出されてくるのである。

「農工商の業を常日頃精出している人は、尭舜孔子は知らずとも、篤実で正直な人が多いですな。文人と称して高ぶっている人は怖いと思うようになりました。大雅のような人は京には、もう見当たりません」

ということばは別に目新しくはないが、なるほどその通りかもしれぬと思わせるのであった。それで浮丘は楽亭と機嫌よく挨拶を交わした。楽亭の残った白髪は乱れていたが、画を包んだ大きな風呂敷は新しい物であった。

寺院の裏庭に白梅の大樹があった。浮丘はその傍に楽亭を誘った。

楽亭は『徒然草』のことで世話になった礼を改めて口にした。双林寺の展観に誰々が画を出して、誰の画が一番売れたかなどと話した。

「ふむ、ふむ」と頷いていた浮丘が訊いた。

「画は売れてますか」

「尾崎で襖絵を頼まれ、樽井の源伝様には屏風絵の注文をうけてお蔭さまで何とか暮らしています」

「それはよかった。私はなかなか忙しくて、他人のために使われてばかりいるので、書物をゆっくり拡げるなんてできないのですよ。重太郎や千之助が報恩講や葬式には出席してくれるのは助かりますが、やはり某《それがし》でなければならぬ仕事がふえてばかり……。それで昼は読む暇がなく夜になると、もう眼が疲れて行燈《あんどん》の傍に書物を広げても、眠くなるのです」

浮丘は楽亭にこれまではいわなかった愚痴をこぼした。

「私も、眼が悪いのであまり細かいものは画けなくなりました。松竹梅が一番描きやすいので、そればかりです」

浮丘は楽亭の眼がただれて充血していることや身体が少し縮んだ様子を見るともなく見た。

楽亭は先日隆正から聞いた浮丘評を話した
「里井氏は珍しき人だね。漢学と揮毫はもちろん、国学も大いに勉強され和文もすぐれてをられる。歌も自由精神も一方なるまじき人だ。だが惜しいことには富裕人である。あの学才にて遊民の身だったら、諸侯方へ推薦したいのに残念だ。ならばその国の宝となる人材だから」

それを聞いて浮丘は、自分に自由精神があるとすれば、一つのことに拘《とらわ》れないところか、それは文芸に生きたいと思う人間に共通のものではなかろうかと思いながら、楽亭を見ると袖の中を探って掻い巻きを出したところだった。

「思うようにはなりませぬなぁ。早く家督を倅に譲って読みたい書物に専念したいのですが、しかしもうお互いに老人になりました故、無理は禁物ですな。」

「私は近日中に史書の中の人物を描きたいと思っています。また手紙で詳しくお尋ねしますので、なにとぞよろしく御教へください」

楽亭はそこまでいうと、濱の方から里井の男衆がやってきて、風が出始めたので船に戻ってくれるように浮丘に告げるのを聞いた。

「それでは楽亭どの、お達者で長生きしてくだされよ」

「治右衛門さまもお達者で、お手紙をくだされ」

浮丘を見送る楽亭に三月にしては珍しい粉雪がその視界を遮った。

楽亭は奈良から京に帰って、落ち着くと浮丘がいったことを思い返した。

なるほど浮丘さんは、櫟《くぬぎ》の木のようにはなれぬ方だなぁ。荘子は櫟の樹は大木だが用材としてはあまり用いられることがない。しかし人に用いられて若いうちに、その才能を削られて死ぬより、泰然として生きて、百歳を全うするほうがいいと櫟の木にいわせているが、自分はどちらがいいか、よくわからぬ。なれど浮丘さんは老年になってからも「いそがしい」といいながら、人のために役立つのを喜んでいるのだ。

自分は荘子が好きだが、浮丘さんには論語の「学んで時に習う、亦楽しからずや」という句が似あうと思った。

そして中国の武将を描くときの留意点を浮丘から教わったことを思い出して、自分のような者が、煩わしい調べ物を頼んでも、断らずに教えてくれる人であることを改めて認識した。

そしてこの年下の旧家の男を慕わしく想うのだった。

筆まめで、思い立ったらすぐに実行する楽亭は、浮丘に新しく描く画の着想を知らせることにした。浮丘に出す手紙は、いつも長くなる。どうでもいいことをいつまでも書くのは会話をしているようで楽しく、傍に浮丘がいるように思いながら書くためである。

「以前に依頼していた養由基《ようゆうき》と郭子義《かくしぎ》の御例写お送りくださって、博覧に驚き、春秋ご懇篤の心に感謝しています。私は眼疾に痛み、医師に懸っているのですが九日朝から着色にかかり、一両日中には完成するはずです。画題は養由基が樹に登る白猿を見て射るところにしようと思っています」

養由基は春秋戦国時代の楚国の武将、で柳の木から百歩離れて百発百中で葉を射落としたという弓の名射手である。郭子義《かくしぎ》は安禄山の乱のとき、節度使となり長安を奪回し、以後もチベット族の侵入を防ぐなどして唐朝につくした武将のことである。

この手紙には続けてお千賀さまの体調がよくないと聞くが、気晴らしに上京されてはどうかと薦めている。

「四条には芝居もあり、顔見世もあります。若隠居で子供衆のお伽に月日を送られ、何の苦労もなく、すごされると、心の中にはたまり水が停滞して活き活きと水が流れるような元気が失われるのです。労働がないと消化が悪い。おちか様の御不快は有馬の入湯も、その効能は蕎麦にそえるねぎか、大根おろしぐらいのものです」

楽亭が行燈で浮丘宛の書面に宛名を書いていると、大きな影が動いて、対山が戸を開けて入ってきた。既に飲んでいるのか、酒の匂いがした。

「酒はないか。何ぞうまいものがあったら出してもらいたい」

対山はまだ飲み足りないとみえて、土間の棚戸を開けようとした。

楽亭は若くて大きな体格の対山を力で外へ押し出すなんてできない。

「酒はないよ」というと、対山は「いらない」と手を振った。

信州のからい味噌を皿にのせ、信楽の茶碗に渋茶をのませたが、話好きの楽亭が知らぬ顔でいることはできるはずがなく、彼も味噌を嘗めながら四つ頃まで雑談した。

紀州はケチだという楽亭の噺に耳を傾けていた対山は始終機嫌がよかった。

「養由基図」斎藤楽亭筆

「ケチといえば、紀州より南都のほうが渋いと思うがなあ」

と対山はいって笑った。

対山が帰った後、楽亭は、酒さえ入っていなければ、きつい冗談はいうが、朴訥ないい男なのにと、酒に呑まれてしまった対山を惜しんだ。そしてまた筆を執って対山が来たことや味噌に茶を出して雑談したことを書き添えた。

楽亭は、岳飛の画に意欲がわいたのか、十月から十一月までの約二か月の間に、岳飛の構想について七、八回も浮丘の意見を訊く書状を出している。その一つは曖昧な自分の記憶について、時代などを尋ねているものだ。

「二尺五寸幅、長さ五尺の絹の図を考えています。岳飛は五代という時代の金の忠臣だったように思います（※）。勇士を集める立札を騎馬で見ている図にしたいと思っています。でもその時の岳飛は、まだ百姓であったかも知れず、何の本を見ればよいか教えて下さい」（※岳飛は南宋時代の武将で、史実とは異なる）

また楽亭は、「郭子義については、幼童、老人十人余りを画くつもりです。江州辻村の代官田中覚兵衛と申す人は画が好きで、私に養由基を中薄で着色したのを頼みたいと申されています。中立売の皆川誠蔵に尋ねましたら、准南子に有ると書き抜きをよこされました。昔は弓神様と云われたほどの人らしいです。私の画、先日三枚売れました。この養由基ができたら、追々頼みたいと紹介の呉服屋が申しています。下手でも下手なりに名をなさねば、十三歳から今に至る五十年間の画学の甲斐がないと思うのです」

と画が少し売れると殊勝なことをいい、歌を詠む心境になったのである。

とし毎に　いく世へぬらん　しらぎくの
　　ひさしき花に　ならへ老人

十一月、楽亭はどうしたことか、今まで抑えていた対山への嫌悪の情を浮丘に書き送った。「対山は憎む相手ではないが、方寸の奥は至愚の人だと思う。もう対山とは付き合い兼ねます。私は対山の画がよく売れて繁盛しているのを嫉んでいうわけではありません」と前置きして、対山の日頃の行状から、その酒癖の悪さ、性格の下劣を取り上げ、浮丘への恩義を忘れての無礼な放言など徹底して書き連ねた。

浮丘は対山とは、親戚の子供を教育するように幼い時から接していたので、今更「そんな人間だったとは！」と驚く気持ちはなかった。対山の短所はとうに、承知のうえで援助しているのである。むしろ親が不肖な息子を謗《そし》られて、相手に不快感を感じるのと同じであった。

こうして嘉永五年も過ぎ、楽亭は六十四歳になった。

京には、時流にのって弟子を増やし、為政者にも気に入られて私塾や藩校で講義するようになった隆正。そして、弟子が増え、注文も相次ぐようになって、小判が手に入るようになった対山らと交際しなければならない楽亭は、辛いことになった。楽亭が出稼ぎにいくと、隆正は「楽亭はどうしたのでしょう。家を空けて何日も留守なので心配です」と浮丘にいっているが、実際にその生活を援助するわけではなかった。

死ぬまでの十年ぐらいは楽隠居となりたいものだ。画を描き、下手歌読んで、馬のあう人と面白く遊んで暮すことができれば、いつ死んでも本望であると、自分にいい聞かせながら、また楽亭はよろよろと、また稼ぎに出るのである。

こうして奈良の見知った宿で休んだ後、出立して小泉に二、三泊すると、八尾村の木綿問屋大和屋に、画を描くため五、六泊した。合わせ一枚では朝夕が冷えて少し肌寒かった。大和屋の主人が「朝はよほど寒くなりましたな。綿入れの羽織をお貸し申そう。肌着もお貸ししましょうか」と申してくれたが。楽亭はタヌキの毛皮を両懸けにいれていたので断った

「私は少々寒くても十月までは綿入れは着ないことにしているので」と辞退すると、

「さてさて、それは御壮健なことでございますな」と主人は感心した。

浮丘は　嘉永六年三月、息子千之助を連れて吉野へ行き、多武峰、八木を経て河内、堺を回り、帰宅した。留守中、楽亭が来て置き手紙をしていた。用事は金子の融通を頼むものであった。

「播州で十歳の時逢ったきりで、今は二十四歳になっているはずの倅にあうつもりです。一緒に暮らしている従弟らにも土産も持っていきたいが費用が足りません。留守番の老婆に残しておくべき小遣もない有様です……二、三日大坂に逗留するので、先だって送りました画の代金を申し受けたいのです。使いの者をやりますので金一両お恵み下されたいのです」という置き手

紙である。

浮丘は使いの者に、一両をもたせ、その労をねぎらって膳も出してやった。

楽亭の送ってきた画は売れずに、置いたままになっていたのだが、ここは仕方がないと諦めた。いずれまた当方の画も、京で売ってほしいものがあったのである。

だがこの年は、アメリカ東インド艦隊司令長官ペリーの率いる軍艦四隻が浦賀に現れ、開国を迫っていた。幕府は返答を翌年に約したが、その間にもロシア使節プチャーチンが、長崎に来て通商を要求した。ほどなく彼らによって、こじ開けられた開国、貿易は庶民の生活を直撃するのだが、大方の庶民は楽亭のように、その日その日の暮らしに追われていて、お上《かみ》の政策などに関心を持つこともなかった。

安政元年六月十四日、近畿一帯で相当大きな地震があった。対山からの手紙に「城も崩れ、市中はもちろん家一軒も残らず崩れました。死人も数知れずと聞きます」とあったが、京都は四月の大火以来の災害である。怖い思いをした人々は竹藪の中で野宿をしていた。飛脚の往来も絶え、江州に住む贔屓の客との連絡も絶えてしまう。なかには注文した掛け軸や屏風の画を断る人も出てきて対山を嘆かせたが、楽亭は奈良で、この地震にあい、対山より一層苦しくなった。注文してくれる人もなく、泊まるところが無くなったのである。

伊勢路は津波で津、白子、松阪辺りは津波で青海となっていると聞いたが、大坂にも津波が押し寄せたと聞いて、浮丘に安否を問う書をかかねばと思った。

九月の楽亭は浮丘に頼んでおいた画も売れ、行商の目玉である蚊取り線香もよく捌けたので久しぶりに京都で過ごせた。

この幸せな気分を誰かに告げるとしたら、やはり浮丘さんしかいないのである。

「二十五日にお出し下されし酬は今日つきました。拙も京が嬉しき故か、老いて益々さかんになりました。ところで「松下禅尼」「土器の味噌で飲む時頼」など、兼好時代の衣服、器物など有識の人々のこと、仰せなくば当方流の今様まじりに認めるところでした」

と浮丘のお蔭で恥をかかずにすんだことを感謝した。

安政二年十月、江戸大地震が起き、倒壊家屋数万戸、ついで市中の大半が焼失した。

理科年表によれば、この地震のマグニチュードは六・九である。

大地震で江戸市中は全滅したなどという噂が京坂にとびかった。楽亭は京都で修業中に知り合った後藤一乗が江戸に住んでいるので、その安否を気遣ったが、幸い一乗は難をまぬがれたことがわかり、楽亭はほっとした。後藤一乗は大判の墨書に「後藤」とある金工で名高い家を継いだ人である。楽亭より一歳下であるから、どちらも修業中の青少年時に知り合って話が弾んだのかもしれないが、後藤家は幕府の金融政策の一端を担う家柄であるため、成長するに従って住居も遠く離れ、疎遠になった。だが楽亭は、そのような一乗のことも気にかけて案じたのである。

十一月、楽亭は五十七歳になった浮丘に「南山の壽」(「詩経小雅」)を贈った。

月のみちゆくが如く　日の昇るが如く　南山の壽　永きが如く
かけず崩れず　松柏《しょうはく》の茂《しげる》が如く　継ぎゆきまさむことを」

これは周王朝の長寿を祈る詩《うた》である。詩経は浮丘も読んでいたが、長い「小雅」から「南山の壽」を選ぶとは、漢籍の知識は深いなあと改めて楽亭を見直した。

(五) 楽亭を戒める浮丘

もうすぐ数え年七十歳になる楽亭は、久しぶりに、まとまった絵の注文をうけて喜んだ。襖絵数枚の注文があり、ほかにも八月には南山城の茶園の人からの注文があったので、カネがないと嘆かずにすみそうであった。金ができると、好きな京にもどって、野之口、対山、百谷の家を泊まり歩いて九月ごろに奈良に帰った。その時離別していた「かなえ」が四月に死去していた事を聞いた。線香もない楽亭は、数珠を取り出して「ごめんよ」としばし黙祷した。

安政六年、八十二歳となった貫名海屋が、賀茂の移居が原因で、千五百両も大損したという噂を聞いた楽亭は、何となく心がうきうきした。それで筆をとって浮丘に知らせた。

「海屋もこんなことで大苦しみの大老になられ、夜も書画書いて三両、五両とりしものを、二両にまけて書いておられる。ところが、〈これは先生の真筆ではござりません。墨が妙に薄い感じなのです。これはお戻し申します故、先達ての礼金をお戻し下され〉などという人もあると聞いています。私が宿にしている柊屋の主人が海屋の書十二枚を持っているので、委細はいわず、海屋の書をお持ちでしたら、少し安くても今が売り時ですよ、と云ってあげると一昨日二両で売り払ったそうです。

なぜ海屋先生の書は安くなったのですか、と聴かれても、海屋が家の売買で損をしたので、書きいそいで、書画の箔が落ちたとはいえず、兎も角方々で売っている人が多いので、おすすめしたまでです、と云いました。書画といえども、鉢植物や小鳥の流行と同様です。書画などは真に数奇の心や眼力で求むるのではなく、銭があってなにか富になるもの、人に誇れるものを買っておきたいが、よくわからぬので人に見てもらって買う人がほとんどです。だから人気が落ちたとなると、たちまち売り急ぐのですよ」

楽亭のこの考えは、株を買うのと似ている。いわば投資の対象として書画を選ぶのを当たり前としているのである。だがまだ日頃の憤懣を吐き出すには、十分ではないとみえて、次に医者や僧侶の悪口を書きまくった。

楽亭の手紙は、世間話を次々と、飽きずにしているように続く。面白いがあまりに長いので省略せざるを得ない。

「衣服など飾りをよくしないと、京では医者の売れが悪い。と医者が云います。坊主を一々正直に鑑定すれば、法事などには正座に置くべき坊主は千人に一人ぐらいならん。これらをおもい合わせてみれば、書画贋作の徘徊するなどは、なぐさみ物にて◉（銭）多き人の買事なれば、世間の賑わいは太平の世の有り難き所也と近頃道一の胸中少し広く相成りました。ところで今鳴る鐘は明け六つ、灯消して多葉粉に致しましょう」

と愚痴やら世間の批判を述べ立てたあと、どうやら疲れたとみえて寝についた。

安政二年から三年にかけて、海屋が岡崎から下鴨の地に新居を構え、下鴨神社に蔵書三三八二薩を奉納したことは、事実であるが、大損したことが本当かどうかは別にして、移転後も健筆は衰えず、名作を次々に発表していた。

浮丘は海屋の書がかすれて、値がおちているなどという噂を軽率に吹聴している楽亭を戒めた。

「菘翁《すうおう》は亡くなった子供たちの分まで生きて、命を全うされた。高齢になって少々墨が薄くなったからといって、その書画の値打ちがおちるものではありません。むしろ長寿の賀として家に飾っておけば、なにより目出度いものとなるでしょう」

浮丘は文久元年、跛鼈《ひべつ》集に、

「菘翁《すうおう》の好きな蟹を、毎年春がくると、その大きいのを選んで贈っていた。すると菘翁は必ず自作の詩や画を返礼として酬いられた。今年は八十四歳になられるが、いたって壮健である。そこで余と岡野君（前夫人の父）とで、その長寿を賀して富士山之図（芙蓉峯図）を贈る」

と記している。

海屋は四十歳代の頃から、五人の子供を生後すぐとか、三歳や五歳で夭折させ、最後には妻も失っている。だがこの世の不条理な不幸はまたも、八十四歳の海屋を襲った。娘数子が四月に生んだばかりの孫を六月に失ったのである。この不幸は、八十四歳の老いの身にはこたえたとみえ、翌年重い中風となり、会話や執筆が不自由になった。それでも翌年春には筆を握れるところまで回復した。

そして「中風様」の書風といわれる傑作を遺したのである。「草書柳々州之詩」「草書題漁楽図七言古詩」「草書寒松貞節五書古詩」「草書題富士升龍図七言絶句」などであるが、四番目の七言絶句は最晩年の八十六歳の作品である。震える筆をしっかりと握って、紙につけるために、文字は力強い。死を目前にした老人の書体とは、到底思えないのである。

そして二回目の発作のあと、文久三年八十六歳で没した。

海屋は儒家としてではなく、やはり書家として生を全うしたのであった。

対山は海屋の死の翌年、師の遺墨である西湖の七言絶句に添えるため「柳隠垂釣図」)を描いた。

(六)　楽亭の終焉

万延元年、楽亭は数え年で七十一歳になっていた。

霜月二十九日の浮丘から届いた書簡を繰り返し読み返事をしたためた。

「長寿壮健は喜ばしいことではあるが、いつまでも僅かの◉（銭）を拾うに、苦しみ絶えぬは辛いことと存じ候へども、勝手向きは、昨年よりは少しよろしき方に御座候。憚りながら御安意下されたく奉存候。私は近日七十二歳になるに、何はともあれ無事壮健の述懐でもと存じ、折節かたはらの古今集チョイと見申し候処書末の雑に、

ありはてぬ命待つ間のほどばかり
　憂きことしげく　思はずもがな

これこそ己の述懐残し路ならんと存じ、唐紙の半きりに書して、かたはらに貼り付け申候」と述べた。

この歌の詠み人は、宮道潔興という東宮御所の役人であったが、勤務状態がよくないと免職になった時のうたといわれる。

〝この世の命の最後待つ短い間ぐらいは、いやなことをわすれていたいと思うのに、それもかなわぬとは〟という意味である。

私はむしろこのようなものを張り付ければ、憂きことを忘れているときにも、その貼り付けた唐紙が眼にはいると、嫌なことを思い出すのではないだろうかと危惧するのだが、次には自作の歌を披露した。

よしの川よしあしともにとやかく野
　流れてとしのくれとなりけり
すみかまのけむりおそろし来る春は
　あたひ下げよと祈りこそすれ

第二首は、いかにも楽亭らしい率直なうたである。

この手紙を書いているうちに、なぜか楽亭は、里井家の人たちと懇意になった昔を、懐かしく回想しながら、あれから、はや四十五年も過ぎたのかと、しばしもの想いに耽った。

「紀伊家を二十六歳で退身の盆後より、有馬入湯に参り、友三郎様と貝原益軒の『養生訓』のはなしで馬が合い、その九月より貴大家へ行き、挾芳園にて居候致し、その頃より残る人は、貴方一人。……私此の頃存じますのは来早春に黄檗方丈を見回り九露道人の襖の画を熟覧して、エライ大雅の画をかいて見度存居候云々」

万福寺の方丈には、池大雅の五百羅漢図がある。これを観て写したいというのである。

高齢で弱っても、来春には黄檗山に行き、画をかいてみたいというのは、さすが画師の魂は衰えていないと感心した。

楽亭の浮丘宛て書簡は、この万延元年十二月十三日付けの手紙が最後となるのだが、奇しくもこの最後となる書に、浮丘の兄友三郎との出会いが述べられていて、里井家と昵懇《じっこん》になった経緯を知らせてくれたのである。

楽亭の浮丘宛書簡は、十二月十三日の日付けであるから、それからそう遠くない日に、好きな京ではなく、奈良で亡くなった可能性が高い。

翌年、浮丘は『日省録』に「楽亭の訃に接するも、其所を詳にせず」と簡単に記している。

八　広瀬旭荘来る

広瀬旭荘は九州日田で名高い咸宜園《かんぎえん》を経営していた広瀬淡窓の弟である。病身の淡窓にかわって咸宜園《かんぎえん》の塾政となった。旭荘は天保四年二十七歳の時から文久三年五十七歳まで三十年間『日間瑣事備忘《にっかんさじびぼう》』という日誌を綴っている。この日誌は『広瀬旭荘全集』に全文が収録されているが、漢文なので読み辛い。ところが幸いにして、訳注本が堺中央図書館にあることを知った。私は喜び勇んで、閲覧願を図書館に提出して許可をうけたが、この和本は貴重本であるため、別室で閲覧しなければならず、コピーも不可と告げられた。予約した日に行くと、薄暗い会議室の机に分厚い四冊の和綴じの本が並べてあった。

ところがよく見ると「抄」なのである。「アレ?」と思って年代を見ると、はたして私が読みたい嘉永年間の日誌はなかった。副題に「堺滞留日誌」とあるように旭荘が大坂や堺に滞在していた期間だけを中心に訳述されているのである。

少々余談になるが、「堺滞留日誌」に写し取られた漢文は、まるで印刷されたごとく綺麗で、訳文も誤字なく読みやすい字である。堺、大坂の地理に詳しく、堺の住人である私は驚いてしまった。表紙には河野文吉訳注とある。私は、直感で河野文吉というのは、戦前この図書館員だったのではなかろうか、と推測した。読み終った後、司書の方に尋ねた。

「この河野文吉さんは、ひょっとしてこの図書館の人だったと思うんですが……こういうことされるのは、図書館関係の人が多いんですよ」

私の質問をうけた司書の若い男性は、はっとした顔をしてカウンターから出ていかれた。私が郷土資料コーナーで本をみていると、さきほどの司書の方が、にこやかに近づいてきて「今集めたものですが、このなかに河野氏のことが書かれています」とコピー数枚を差し出された。それは今の堺市立図書館が、まだ公立になる前後の回顧的な冊子類であった。そのなかに河野氏のことが断片的に記されていたのである。

私は昔の館員の中には、消えゆく地方の資料をこつこつと集め、訳注などを施して、後の研究者の便宜のために労をいとわなかったのだと感嘆した。

日根対山の研究家冠豊一も大阪市立図書館の館員であったが、このような地元の研究家がこつこつと実証的に調べられた成果が、埋もれずに保存されているのは実に喜ばしいことである。

しかし私が漢訳文を読めると期待したのは「ぬか喜び」に終り、結局『広瀬旭荘全集』を積み上げ『日間瑣事備忘《にっかんさじびぼう》』を漢文で読まざるを得なくなったのである。

旭荘は兄淡窓より剛直で漢詩を好み、日田郡代の干渉に反発していたが、郡代の交代を機に大坂へ出たのである。

先ず堺へ来たのは、兄淡窓の弟子で日田出身の医師小林安石を頼ってのことであるが、大坂で本格的に開塾したいと望んでいたためである。日誌を読むと、堺滞留時は安石なくてはかなわぬような日々である。

この安石なる人物は、実によく旭荘の面倒をみているが、顔が長く一見魁偉で気象軒昂、詩書をよくし、また人のために周旋する労をいとわなかった人である。反面酒を好み、人の短を評し、直言して顧みなかったともいわれる。

天保八年旭荘が、安石を連れて篠崎小竹を訪問した時、取次ぎに大声で「この地に字をひさいで生計を立て、外見は儒者にして、その実は商人なる篠崎と名のる者は、この家におるのか」と呼ばわった。小竹が入口にあらわれているのを見ると、論難してやまなかったので、旭荘は恥ずかしくなって、小竹に謝った。小竹は手を振って貴君が謝ることはないといった。

旭荘が初めて大坂に来たのは天保六年、三十歳であったが、その頃に比べて、多くの書林が漢書よりも人情本や絵本、春画を商っていることに一驚した。しかも利は漢書よりも三倍した。また文人の気質にも抵抗を感じた。書画展にいくと扇子や短冊にかいた書が売られているのだ。詩文が商品として扱われているのだった。一番人気があるのは篠崎小竹の詩文であった。

小竹は詩集や随筆集の序文、石碑の碑文、書法帖を頼まれると気軽に引き受けたので人気があった。

浮丘は小竹の塾に息子重太郎を入門させている関係もあって、小竹の書画や扁額、扇子を時々買った。商売人を介せず直接買うので、そんなに高くはなかったが、書画会に行くと協賛人の小竹の詩草がいろいろな形で売られていた。

浮丘は商人であるから、書家や画人が自作の作品を、売ることに抵抗を感じなかった。お上に抱えられている士分の人間はしらず、巷の文人は書画を売って生活するしかないのであり、むしろ職業画人として自作に責任をもち、世間の評価を得て向上心も琢磨できてよいという考えであった。

広瀬旭荘肖像図

旭荘はまさか安石が、目の前で小竹を痛罵するとは思わず、狼狽したであろうが、安石が小竹を罵ったのは、日頃から旭荘の小竹批判を聞いているからこそであろう。
旭荘の肖像画を見ると小柄であるが、がっしりした体躯である。ただし強度の近眼で眼鏡をかけていたというが、水牛性の皮を用いた枠の眼鏡が膝の前に置かれているのを眺めると、愛用の眼鏡だったのだと思われる。
しかし体は見かけより弱く、日誌を読むと、十日に一度は下痢腹痛がおこり、半夏瀉心湯《はんげしゃしんとう》を服し、また刺絡して悪血を抜くなどの療法をおこなっているのに、飲酒を辞退せず、しばしば飲み食いした後に腹痛がおこり苦しむのであった。大事な話や根回しは飲食の席できまるのは、今も昔も同じらしい。

嘉永四年一月十九日、旭荘は和泉橋本の医師長谷川桂山を紹介されて泉南地方の遊歴に出発した。岸和田に向かう途中、小高い丘から海を見渡すと、万帆絵の如くで寒気は凛然たるものの、晴あがって気分は爽快であった。

桂山の居宅で宿泊した翌日、桂山の案内で熊取の土豪中左近家を訪問した。

中家の庭には、梅樹が数十本その他雑木、苔むした石などが蒼然たる趣を呈していた。西の隅には観瀾亭があり、海を見下ろすことができた。翌日、左近は庭に下りて客人に説明した。四足門をさして

「あれは白河帝が、紀州に行幸されし時に建造したものでござる。元来は檜皮葺《ひわだぶ》きだった屋根を、瓦に換えて腐敗を防ぐようにしましたのじゃ。それでいつからか、この辺りは御門とよぶようになったのでござる。庭にある数十本の松の樹は、みな七、八百年経っています。あそこにあります古い数十本の旗竿は、源平時代のものだと鑑定家が申しておりますのじゃ」

旭荘は感嘆して問うた。

「随分古い御家柄なんでございましょうな」

「先祖は千年前から、この地に住んで土豪となったようでござる。後三年の役のとき八幡太郎義家公に従い、功があったので中氏という姓をくだされたと聞いております。拙者の直接の先祖は紀州の根来一族で、父は三千五百石の旗本根来和泉守でござる」

中左近家屋敷

旭荘は、身分のある武士だっという誇りが、中氏のなかに根強くあるが、しかしその誇りは中氏を支えもするが、短ともなりうるだろうと思った。

しばらくして左近は別棟の茶室に旭荘一行を案内して食事を供した。

翌朝、湊村の里井治右衛門という者が、多数の古書画を蔵しています。先生は興味があると存じましたので今朝早く使いを里井家に出して知らせましたという

そこで午後になって左近家を辞し大久保村を出て田の間の道を水路に沿って進む。中庄村の人家はそう多くはないと思いながら、西に向かって七、八丁行くと潮の香りがしてきた。

「湊村が近くなりましたぞ」

という声がしたのでふり返ると、左近父子が傍に来ていた。

陽は中天から西に傾きつつあった。里井家に着くと治右衛門（浮丘）、桂山、新川らが出迎えた。

旭荘は挨拶が終わると浮丘にいった。

「冬の日は短いので、暗くなるまでに、早速で申し訳ないが書画を見せていただきたい」

浮丘は承知して挟芳園に案内した。

浮丘は数十幅を出した。始めに許従龍の画、次に徐葆光の書、髭仙《しせん》の書などを取り換えながら一幅ごとに壁に懸けて簡単に説明した。

「髭仙は明の中葉の人で、姓は徐、名は子仁で、別に快園と号しています。その髭が頗《すこぶ》る美しく、帝が山荘に来られた時髭を剪るようにいわれたが彼は断りました」

次に羌師周《きょししゅう》の山水画、呉徴《うちょう》の山水画を見せた。次に晋良《しんりょう》の書や李如松《りじょしょう》の書を掛けた。

「李如松は朝鮮軍の総督ですが武将に似ず、筆力が優柔です」

浮丘は陽が陰るのを気にしながら簡略に説明を続けた。

次に○仲和の書を掛けていう。

「この尾書が大明正徳と書かれていますが、私が思うには「大明」の字は知識のない邦人のために書かれた疑いがあるように思います。次に藍田叔《らんでんしゅく》の山麓寒棵図は極めて俗気があり、贋作ではないかという疑いがあります」

最後に張瑞図の画を一幅懸けて、「瑞図の書は多いが画は少ない」と述べた。

旭荘はそれぞれの書画の特色をすらすらと述べる浮丘に驚嘆した。

左近が横で囁いた。

「治右エ門さんは、蔵書家でもありまして学者に劣らぬ読書家なのです」

旭荘は〈さすが大坂は広い。この田舎にもこのような教養人がいるとは！〉と感心して、浮丘に詩を書いて贈った。

浮丘はみなに酒食を供し、談論風発して皆愉快に過ごした。

旭荘は浪華はここより繁盛して飲食店も多いが、ここは、景色がひろく夜は海鳴りも聞こえて、ここに住めば、よい詩ができそうだと思った。それに浮丘という人は心がひろく、退屈させないように気を配り、部屋を暖かくして、皆が寛げるようにしていたのにも感動した。

浮丘は地震のあと、紀州から帰ってきた伊予の儒者から聞いた岩で圧死した大蛇の話や大鰻の話を披露した。

「鰻は百斤はあります（一斤は〇・六キロ）。今拙者の宅で吊るして干し物にしているのですが、先生、よろしかったら持ってお帰りになりますか」

と旭荘を見た。

旭荘はあわてて「せっかくのお申し出なれど辞退申す」と頭を下げた。一座はどっと笑った。

左近、桂山は帰ったが、浮丘は旭荘と従者を引き留めて、宿泊されんことを薦めた。

翌朝はさえわたった冬空で、浮丘は北へ二、三丁の人家が途絶えた辺りまで見送った。

その夜、浮丘は日省録に

「嘉永四年二月二十三日広瀬旭荘来る。通計十人、僕三人」と記した。

浮丘は咸宜園の教授であったことを鼻にかけず、篤実で謙虚な旭荘に好感を持った。

浮丘は、此の頃人に会うと、「これが最後か」と想うようになり、旭荘と別れるときも、なんともなく淋しい気持ちになって引き留めたかった。

庭で鶯の囀《さえず》りを聴くと、旭荘との別れを惜しむうたができた。自分ではよいできとは思わなかったが、一応跛鼈集に記すことにした。

梅も咲け鶯も泣け玉くしげ
　ふたたびあはんけふならなくに

旭荘が去って、五月に小竹が没すると、安政から文久期の大坂文人社会の中心は旭荘となった。それ以前からある大坂の懐徳堂は詩文を軽視した経学中心の、いわば本格的な儒学を教授する私塾と見なされていたので、旭荘の塾が詩文重視の漢学塾と思われたのである。

九　尊攘派志士らとの交流

㈠ 頼三樹三郎《らいみきさぶろう》と梁川星巌《やながわせいがん》

嘉永六年、幕府はペリーの浦賀来航に続き、プチャーチンの長崎来航によって開国を強く迫られた。安政元年九月十日、ロシア艦隊が紀州沖に出現し、十八日に大坂湾に進入した。この時淡輪の飯盛山、東鳥取の雨山に烽火台が設けられ、沿岸には武装した藩士が警備に当たるなど大騒ぎとなった。和親条約が結ばれると、開国和親か尊王攘夷かという論議が広まり、京都は藩を越えた志士たちの横議の場所となり、また連絡場所となった。

安政元年、吉田松陰はペリーの艦隊に渡航を企てて逮捕され、九月にはロシア船が大坂湾に侵入した。浮丘は大いに慨嘆して詩を賦した。

松陰は前年の嘉永六年二月山陽の弟子森田節斎と岸和田に来て、岸藩の儒官相馬九方を訪い談論して帰った。時は丑満時《うしみつどき》、つまり午前二時であった。翌二月二四日には相馬が来て、夜には、松陰がまた相馬の元へ出かけた。劇談は旦《たん》（朝方）に至り、午前十時に帰ったと松陰は日記に記している。そして廿六日もまた相馬の宅を訪ねて議論を続けたと日記にある。

松陰が森田節斎に連れられて岸和田の九方を訪ねたのは、節斎の都合によるものであった、という説を『泉佐野の歴史と今を知る会』の会誌か何かで読んだ記憶がある。

中左近から娘の婚姻について、行き違いがあったのを調停してくれるように頼まれた節斎は自信がなく、それを九方に振るために岸和田に向かったのである、三月三日に熊取の中左近を訪ねて二泊しているのも、五日には二里歩いて岡田村の山田文英の家に行っているのも、松陰が行きたかったわけではなく、節斎の用事につき合わされているのだというのである。

泉州の地理や人脈をよく知らない松陰が、案内役の節斎についていかざるを得ないことは自然に納得できる。ともかく松陰は湊浦のすぐ近くまで来ていたのに、治右衛門さんとは会えなかった。

松陰はその後も、海外を視察したいがために、長崎停泊中の露艦を訪ねようとしたが、既に出港した後で果たせなかった。十二月になって松陰は京都に入り、梁川星巌、森田節斎、梅田雲浜らと交わり、時局を論じた。

安政元年三月二十七日夜、松陰と金子重之助は下田で米艦に上がり、渡米を懇請したが拒否され、四月江戸の獄に投ぜられた。

その翌年四月、浮丘は上京して対山の家で彼と親しい頼三樹三郎を迎え、夜遅くまで話した。

この時の三樹三郎は父山陽死後の客気のあるロマン的憤慨居士ではなく、現実的な策謀家といえる青年に成長していたのである。

山陽には三人の子があり、長男は聿庵《いつあん》といい、先妻の子で、広島の実家で育ったが長じて病死した。二男は支峯、通称は復二郎である。二男は京で父の後を継いで、家塾を開き父の名声のお蔭で、安定した生活を送っていた。三男は鴨厓、通称三樹三郎である。山陽が死に臨んで心配したのは、この三男のことであった。幼少時から腕白で、昂然にして直情なところがあり、若き日の山陽と似ていたのである。

山陽と親しかった篠崎小竹は、幕府役人羽倉簡堂に頼んで、三樹三郎を昌平黌に入学させた。しかし上野寛永寺で、葵の紋のついた灯篭を押し倒してまわるという乱暴におよび、僧徒に捕えられた。酔狂とはいえ罪になるところを、知人の運動で釈放された。この狼藉により二年で、昌平黌を退学処分となった。

しばらくして蝦夷地におけるロシア船の狼藉を調査するため北に向かい、途中仙台の斎藤竹堂を訪うた。竹堂は昌平黌の塾長であった時、よく三樹三郎の面倒をみた人である。

三樹はしばらくここに逗留して、文章家である竹堂の漢詩に改めて感嘆し、また激励されて松前に赴いた。三樹が松前で見たのは、長いマストを林立させた外国船ばかりで、五幾（日本）の船はいないという現実であった。このあと彼は北海道の探検家で、後に蝦夷地を「北海道」

と命名する松浦武四郎と出会う。二人は寝もやらず明け方まで歓談した。武四郎は三樹三郎のような浪漫的な革命家ではない。アイヌの悲惨な生活を知り尽くし、大国ロシアの圧迫に冷静に対処しようとする現実的な開拓者であり、明治政府のアイヌ政策に同調できず官を辞し官位も返上した硬骨の人である。三樹三郎は松浦からどれほどの感化をうけたかわからないが、慎重になり、直情的な青年の客気は脱していた。

数年して帰京すると、山陽の弟子で勤皇思想派というべき人々と交際した。高槻藩の藤井竹外、森田節斎、吉田松陰、池内陶所らと集まって天下を論じた。彼らは仲間同士で幕府の軟弱を憤慨するだけではだめだと考え、星巌を中心として公家らへの接近を図っていた。三樹三郎が浮丘を知ったのはこの頃である。安政四年になると、将軍継嗣問題と日米通商条約の勅許をめぐって、激しい権力争いが起こったが、彦根の井伊直弼が大老に就任すると、反対派に対する厳しい弾圧が行なわれた。

鴨川の畔で浮丘は三樹三郎と遅くまで話した。

「もう幕府は外国のいいなりになってしまい、我が国はアヘン戦争のような危機に瀕している。将軍には賢明な一橋慶喜公をいただきたい。あなたのような草莽が多く現れて我らを支持してもらいたい」と語った。

浮丘が外国が干渉してくる怖れはないのかと訊くと、それが最も心配なことですと答えた三樹三郎の顔は月に照らされて青く輝いていた。

あとになって浮丘が彼のことを思いだすときは、いつもこの顔であった。

井伊の側近長野主膳は、星巌、三樹三郎、池内陶所、雲浜を「井伊派に対する批判の先鋒と呼ぶべき連中です」と報告している。

物価騰貴は不平等な外国との貿易によるものであると断じ、勅許を得ずに通商条約に調印した井伊大老の独断政治を非難する尊王攘夷派は、京都に結集して、天皇に影響力をもつ公家への工作を画策した。

三樹三郎は左大臣近衛忠熙《このえただひろ》と密談した。それは攘夷の詔勅を水戸の徳川斉昭に下し、井伊大老を辞職に追い込もうという策略を忠熙に勧めていたのであった。

三樹三郎は星巌に書簡で近衛公の信頼を得ていることを知らせている。

「何分、簾中《れんちゅう》の諸卿は兎角因循《とかくいんじゅん》勝ちにて埒《らち》明き申さず。独り近衛公のみ、余程御熱心にて深く三郎の意見を嘉納成されあり候……」

星巌の居宅に、若い脱藩浪人がよく集まってきたのは、星巌より十五歳も若い妻紅蘭が美人であり、漢学の素養は星巌を凌ぐほどで、漢詩も上手、星巌と喧嘩すれば、いい負かすぐらいの才媛であったことが大きい。二人の夫婦喧嘩は派手で佐久間象山が仲裁に入ったこともあったという。しかし、ただの「かかあ天下」の妻ではない。星巌の五年に及ぶ九州旅行にも付添って、

対山の描いた梁川星巌の二枚の肖像

漢詩の本質を理解したという意思の強い女性である。

星巌は志士たちに、この人は此の頃、理屈をいうので困っているのだといったが、紅蘭の星巌を尊敬する心は変わらず、星巌も歳の離れた妻を、弟子であった頃と変わらずに良く指導し慈しんだ。

対山は梁川星巌を描いた肖像画を二枚残している。どちらもよく似ていて、衣服も中国の隠士風の着物に如意輪棒のような杖を持ったものである。これは対山が持たせたのであろうか。

痩せた風貌で、長い髭が頬や顎を覆っている。頬骨が出て額にはいく筋もの皺がよっているのは星巌を知る人たちがいう特徴と一致している。六十四歳ごろの肖像画といわれているとおり老人の顔である。

星巌は江戸詩壇の中心的存在で、神田の玉池吟社は大勢の門下生で賑わっていた。しかし近所に住む佐久間象山や藤田東湖らの尊王攘夷の思想に共鳴するようになり、弘化三年（一八四六）五十七歳で京都に移住した。二条木屋町を振り出しに転居をくりかえした。粟田口の黄葉山荘に移ったのは嘉永元年（一八四八）の十二月であった。

対山は黄葉山房も描いている。肖像画は頼まれたのかもしれないが住居まで描くのは。かなり親しくなってからだと思われる。

しかし嘉永三年には、はや山荘を引き払って鴨川の畔に鴨沂小隠《おおきしょういん》とよぶ住居に移った。ここも志士たちのアジトになった。

対山が尊王攘夷派の人たちと交流するようになったきっかけは、公家筋に知己を多く持つ海屋の紹介であろう。

星巌の山荘を描いた作品に、対山は「庚戌秋日写」と落款している。庚戌は嘉永三年にあたる。星巌が生前に、対山の描いた山房と肖像画を、自分の遺稿に納めるように指示していたことを考えると、かなりの信頼関係があったといえよう。

対山が三樹三郎と親しくなったのは、安政に入ってからである。対山の画に詩を書いたりしている。

山陽の二男、つまり頼三樹三郎の兄、通称復二郎と芸術面で交友があったことがわかっているが、二男は山陽の芸術面と慎重さを受け継いだようである。

やがて安政の大獄といわれる井伊大老の弾圧が、このアジトの人々にも及び、梅田雲浜、頼三樹三郎、橋本左内、池内陶所が逮捕され、翌年には吉田松陰も捕えられ、江戸へ檻送された。きびしい尋問のはて、みな斬殺されたのに、どうしたわけか池内陶所だけが軽い追放ですんだため、京都の尊攘派は同志を裏切ったのではないかとの疑念を持った。

紅蘭も捕縛されて獄に入れられ、きびしい取り調べをうけたが、星巌と志士たちが何を話したかはいわなかった。半年余たって釈放された時は五十六歳であったが以後七十三歳で没するまで京都で暮らした。

安政五年九月十三日、旭荘は知人宛の手紙にコレラの流行について書き送った。

「江戸十四万八千人、大坂四万人、京は相わからず、大坂の儒生一人も病まざる者なし」

小竹の婿養子篠崎竹陰や、逮捕が寸前に迫っていた星巌もコレラで死んだ。

世間は星巌の死を「死（詩）に上手」な人だったといい合った。

楽亭の手紙にもコレラの惨状が述べられている。

「今日もコロリと逝く人が多く、生魚の食後に死ぬ人が多いので、魚市も休み、魚屋、料理屋は丸遊び、何ぞ商売替えせねばならぬと、道一に扇子に描く画でも教えて下さいと真顔で頼む人もあり、うろたえなさるな。ほどなく流行病もやむはず、そうなれば長く食せぬ魚、うなぎなれば、みな一斉に求めましょう。そうすれば三日で高名な画工の一年の画料ぐらい稼げるでしょう。と大笑いしました」

(二)「天誅組」の藤本鉄石

鉄石、湊浦に来る

「天誅組」の三首脳の一人である鉄石が、尊王攘夷の先駆けとして決起したのは、文久三年(一八六三)年八月のことである。岡山藩の藩士ともいえない小吏、卒ともいう身分の家に生まれたが、二十五歳の時脱藩した。天保十一年から文久三年までの二十四年間は旅に暮らし、得意の山水画を売って旅費としていた。

この旅の途中、出羽国庄内で清川八郎と出会い、意気投合した。八郎は鉄石の影響で江戸に出るのだが、その後今度は八郎を介して尊攘派志士らと交わるようになったのである。

京都で花房厳雄に兵法と剣道を学び、水戸学にひかれて、皇国神道を本とする思想を持った。人に会えば、洋夷に屈するばかりの幕府を罵り、日本精神を鼓舞するのを仕事としていた。本来の鉄石は、才能豊かで、温和でやさしい人であったが、外国の要求に譲歩するばかりの幕府の姿勢に我慢できなくなったのである。

諧謔の気がある鉄石は、一昔前の「売茶翁」にならって、「茶」の幟《のぼり》を立て、伏見の池畔や京のき

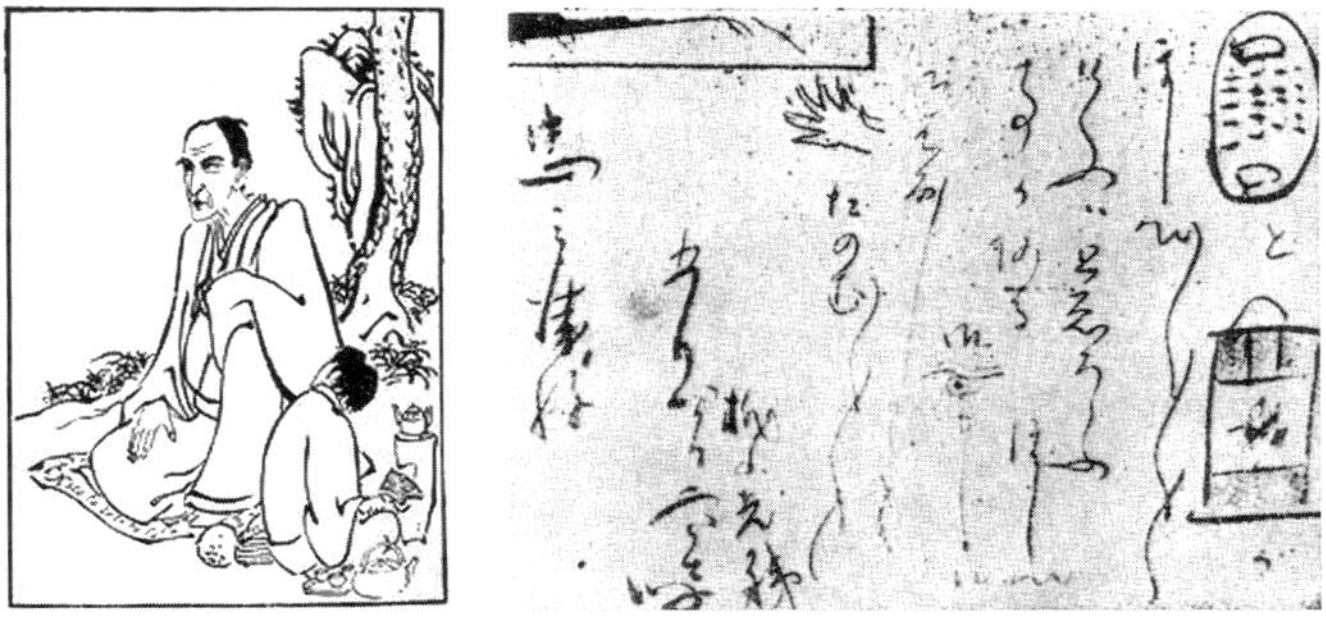
藤本鉄石自画像（左）と金子の調達を求めた手紙（京大電子図書館蔵）

れいな川の岸辺で、茶と共に即席の漢詩などを売っていたが、伏見奉行内藤正縄に招かれて伏見に言志塾を開き子弟を教授した。安政六年十一月六日に、湊浦に来たことが日省録に記されている。

三樹三郎らが処刑された後、落ち込む自分の心を引き締め、彼らの意思を継いで討幕の道を進みたいと決意を新たにしていた。それには軍資金が必要であった。画は鉄石の自画像と金子の調達を求めた手紙である。宛名は浮丘ではないが、知人の富裕な商人や地主らに無心したものであろう。

鉄石は自分のことを草莽といっているが、ともかく資金に困っていた。禄はなく、実家は貧乏。鉄石は己一人の糧は稼ぐだけの腕は有っても、同志を養い、組をつくる資金を稼ぐとなると到底ではなかった。

福井藩士梅田雲浜のように、有力な商人と組んで各地の物産を交易するという大掛かりなことは、望めないまでも、浮丘に資金面で、いくらかでも後援してもらえればと願った可能性が強い。しかし安政六年はまだ挙兵の計画はなかったから切羽つまってはいない筈である。

翌日の七日にはその知友で画師横山雲安もやってきたとある。この人は鉄石より二歳長じているが山水画が得意であり漢学の素養もあった。

雲安は鉄石の誘いにのって翌日来たようである。山水画が得意で技量も二人はよく似た程度であるから、話も合ったであろう。挾芳園の書画の見学は、紹介者がなければ許されないはずであるから、鉄石が紹介したものと思われる。

鉄石は炉辺で三樹三郎らが刑死したことや、池内陶所だけが中追放という軽い処分で釈放され、大坂に居を定めたらしいという話をした。頼三樹三郎や雲浜らが逮捕され、処刑されたことは知っていたが、池内陶所が大坂にいるというのは、初耳であった。

鉄石は尊王、徳治、敬天愛人などについても熱心に語り、飽くことがなかった。

浮丘は煎茶をたてながら、四十五歳になる鉄石の面長な顔を眺めた。よく見ると白髪が混じった老成した感じである。この初老の人は武士としての舞台を求め、武士として認められたいのだなぁと思った。

ところが翌日に池内陶所が来た。これは一体どういうことか、と浮丘は困惑した。前日に陶所が尊攘派から裏切り者とみられていると聞いていたので、鉄石の様子を窺うと適当な挨拶はしたが、二人の間で話は弾まず、避けている様子がうかがえた。

浮丘はこういうことは滅多に書く人ではないのだが、日省簿の十一月八日の「往来」の箇所に「二人（鉄石と横山）猶未だ帰らず」と記しているのは、早く帰ってほしかったのではないかと憶測されるのである。陶所が来た翌日、鉄石は横山と連れだって帰った。

池内陶所は八月に幕府から「追放処分」になって京都から大坂に移ってから三か月になるかならぬかの間に、はや湊浦に姿を現したのは書画を観たくてやってきたのか、それとも浮丘に何か話があったのだろうか。

以前、池内は浮丘に書簡を送って、掕芳園の画の二、三を譲ってもらえないかといってきている。浮丘は申し込まれた一つの画については断っているが、また書画の一つでも手に入れたくてやってきたのかもしれない。まさかこの時期にと思うが、池内は思慮が深そうで案外抜けているところがあった。

池内陶所は書を貫名海屋に学び、その後青蓮院宮の侍読となり、公家の子弟を教えた。嘉永六年から国事に奔走し、水戸藩の京都留守居役鵜飼吉左衛門と親しくなり、水戸家と天皇側近の公家らとの間の親書を仲立ちした。将軍継嗣問題では水戸藩有志と一橋慶喜の擁立を謀り、幕府から「悪謀の四天王」と目されていた。

安政五年雲浜、頼三樹三郎、星巌の妻紅蘭、鵜飼吉左衛門父子らと共に、池内陶所も捕縛され江戸へ檻送された。きびしい吟味の末、翌六年十月には梅田雲浜、橋本左内、三樹三郎、吉田松陰が処刑され、その他多くの尊攘派の人々が処罰された。

ところが「悪謀の四天王」と睨まれていた池内陶所が中追放という軽い刑ですんだことに疑惑を持った尊攘派は、彼が同志を裏切ったものと見なしたのである。

以後彼等は陶所の居処を探索して、天誅をくだす機会をねらうようになっていた。

陶所は幕府に自首したことで刑が軽くなったのだが、尊攘派の過激分子たちには何をいっても無駄と思う故、今はただ目立たぬように身を隠して暮らしていますといった。

浮丘は陶所が、幕府に三千余の蔵書を没収されたことをきかされると心から同情した。書物を愛する人にしかこの深い喪失感は理解できないのである。

天誅組の挙兵

文久二年十月二十八日、孝明天皇の攘夷決行の勅使をむかえて、将軍家茂は上洛。できもしないのに、五月十日を攘夷決行の日と約束した。三月十一日、長州の建議により将軍と天皇は賀茂社に行幸して攘夷祈願を行うことになった。中山忠能邸に出入りしていた尊攘派から、影響をうけていた十九歳の息子忠光は、奔放な性格で、尊攘派からおだてられていた。

攘夷などやる気も、実行力もない将軍の退京と入れ替わるように、久留米水天宮の神主である真木和泉が入京した。尊攘派随一の理論家であると自他ともに認めている彼は、長州藩士や尊攘派らに攘夷親征決行論を説き、反対派には天誅で脅して、十三日大和行幸の勅を出させた。即ち攘夷御祈願として神武天皇陵、春日社に御親征ときまり、十余りの藩主に随行せよという命令が伝えられたのである。だが孝明天皇は攘夷主義であっても、討幕の契機ともなる親征には反対であった。「朕の妹和宮はどうするのか」と憤った。

そして時期の迫った親征を延期するように中川宮に命じた。天皇の意思を確認した公武合体派の公家らによって、宮廷のクーデター計画がすすめられた。武力行使は京都守護職松平容保の会津藩と薩摩藩が当たることになった。その日は八月十八日と決まった。

そんな事とは知らぬ藤本鉄石、松本奎堂《けいどう》、吉村寅太郎らは、十九歳の中山忠光卿を奉じて、大和行幸の先兵となり、五条代官所を襲撃し幕領を平定しようという計画を抱いて挙兵した。

三総裁の吉村寅太郎は二十七歳、松本奎堂は三十四歳であるから、四十八歳の藤本鉄石は最年長である。途中河内の大庄屋水郡善之佑の率いる八十人ほどの参加と物資の補給は、やっと天誅組を部隊らしく整えた。参加者に薩長の出身者はなく、土佐が最も多く十九名で、武士身分ではない草莽といわれる神主や村役人の息子が目立った。彼らは新しい政権の下で、名をなし富を得るという野心に燃えていた。それは吉村が母に送った手紙や奎堂が親友岡鹿門にいったことなどから、窺えるのである。

森銑三『松本奎吾』によれば、昌平黌での学友岡鹿門が、奎吾の詩を評して「君の詩は着衣が寒いだけじゃなく、詩そのものも貧寒なようだね」といったのに対して、「僕が台閣的気象の語を吐くのを見たければ、もう十年たって、功名富貴がこの手に納まる時まで待ってもらおう」と答えたという。

ちなみに岡鹿門と重野安繹、松本奎堂の三人は昌平黌の三羽烏であった。維新後、重野は明治政府の修史事業に携わり、のちに東大教授になった。鹿門は清国の外交官黄遵憲の『日本国志』編纂に協力した。黄遵憲は鹿門の著で吉田松陰を知り、大いに触発された。のちに清国の政治改革を標榜する変法維新運動の指導者となった時も、生命を賭して国のために奔走した松陰を見習うようにと青年らに話したのである。

八月十七日、三条実美らは彼らの過激な行動を憂慮して、行動をおこさぬようにと平野國臣を派遣して命令を伝えたが、既に行動を起こしている血気の若者の耳には入らなかった。

しかし十九日に伝えられた「八月十八日の政変」は、さすがに一同を愕然とさせたが、彼らにはその重大さがわからず、十津川郷士を味方に加えると騎虎の勢いとなった。

五条代官所を襲い。代官らを梟首したが、やがて紀州藩や彦根藩らの追撃をうけ、散りじりばらばらとなり、三人の総裁は戦死した。

中山忠光卿は護衛とともに山中を突き進み、河内に入り、大坂の長州藩邸に逃げ込んだ。

寅太郎は潜んでいたところを銃撃されて死亡。失明していた奎堂は、乗っていた籠ごと置き去りにされ、そこを銃撃されて死んだ。

鉄石は鷲家村の脇本陣に突入、一人を斬り倒してから斬死した。敵に斬り込んで最後を遂げたのは、鉄石と従者福浦元吉だけである。

彼の画集などはないので、なかなか見ることができないが、琵琶湖文化会館にその山水画がある。新潟から筑紫までの旅で、いくつかの山水画を自由に描いている。彼の山水画は、もちろん竹田や大雅に遠く及ばないが、その筆遣いは柔らかく丸い。文化会館にある山水画の松は淡彩が施されていて、やさしい。

対山は鉄石の死を聞いて

「鉄石小児もついに首をとられ候。バカバカ」という書簡を浮丘に送った。

ねこかぶりの対山からみれば、子供のように単純な鉄石が、ついに時代の奔流に流されたことを残念に思う気持ちから書いた言葉であろうが、鉄石に対する複雑な気持ちが多少現れているようにも思われる。

四歳若い鉄石が自分にはない兵学や漢学の素養、剣の免許、そして人気のある山水画まで描く才能を妬ましく思う気持ちもあったのであろうか。鉄石の山水画は京の富裕な商人に喜ばれて買い上げられていた。

鉄石が夜遅くまで語った旅の話は、名所旧跡を巡るものではなかった。

東北の人々が、その日その日を生きるためにとる食事、冬に木橇で薪を取りに出かけ、梢の枝を切って持ち帰る辛さなど眼に見えるように語ったのだった。

浮丘は天誅組と鉄石を悼む詩をつくった。

耶義耶偽　蹟似叛臣非叛臣　巷説街談尤可怪　衆心猶庇此頑民

狂か侠か、義か偽か　その蹟は叛臣に似て叛臣に非ず

巷街の説は怪にして　衆の心は猶この頑民を庇うなり

ナポレオンのブリューメール十八日は軍隊を背景に総裁政府を倒したのであったが、八月十八日の政変も、会津と薩摩の武力で朝廷内の尊攘派公家を追放して、公武合体派の勝利を得たクーデターである。この八月十八日の政変以後、浪人や神主、庄屋層の草莽の動きは消え、藩の武力を掌握するためのヘゲモニー争いが、藩内で熾烈になっていくのである。

つまり下級武士や浪人などが宮廷工作をする段階ではなくなり、討幕派が藩の主導権を握るようになる。

やがて坂本竜馬の周旋で、薩摩と長州が討幕のために同盟すると、幕府の倒壊は現実のものとなり、もはや浪人などの個人的な策謀や動きが政局に影響するようなことはなくなったのである。

十　京坂文人社会の崩壊

嘉永四年（一八五一）、篠崎小竹の死後は広瀬旭荘が大坂の文人社会の要となった。藤井藍田、河野鉄兜《こうのてっとう》、行徳玉江などの門人や橋本香坡《こうは》などが旭荘のまわりに集まった。

しかしその二年後の嘉永六年、ペリー艦隊の来航により、政治的社会的変動が全国に及び、文人社会にも激しい動揺を生じさせたのであった。

条約勅許をめぐる問題は、文人社会には直接影響はないものと考えられたが、安政の大獄によって頼三樹三郎、吉田松陰、梅田雲浜らの刑死は文人たちに大きな衝撃を与えた。

安政の大獄が終わった翌年は年号が万延元年となり、三月三日（陽暦三月二十四日）、この時期には珍しい雪が降り続くなかで、所謂桜田門外の変がおきた。大老井伊直弼が尊攘派の水戸、薩摩の浪士たちに襲撃され殺害されたのである。

断固たる弾圧の中心であった井伊直弼が無くなると、無力な将軍を支える強い人物はなく、尊攘派の力が津波の如く高まり、天皇や公家の所在地である京都は政局の坩堝《るつぼ》となった。

京都で天皇側近の公家に働きかける一方、物価の高騰は開国が原因であると、民衆に幕府の失政をアジったりする人間が大勢現れた。彼らは幕藩体制に不満を持つ下級武士や郷士、神主僧侶が、藩を飛び出して。ここぞと活躍し始めたのである。

文久二年、連日のように京都ではテロの嵐が吹きまくった。薩摩の田中新兵衛、中村半次郎、土佐の岡田以蔵、肥後の河上彦斎などがテロリストとして有名である。七月、九条家の島田左近が殺され、八月には開国論者であった宇郷玄蕃頭も斬殺される。井伊直弼の参謀であった長野主膳も藩命で切腹させられた。翌三年もテロは止まず、公武合体派の公家千草有文《ちぐさありふみ》の臣香川肇が斬殺、その腕を岩倉具視邸と千草邸に投げ込んだが、それだけでは飽足りないのか、入洛した慶喜の宿泊先である東本願寺に、首を持ち込んでいる念の入れ方で、攘夷に反対した公家らを脅かした。まさに私的リンチである。

なかには金に困った浪人が、天朝様の天下にして世直しするのだから寄付を願いたい、などといって庶民を脅し金を奪う者もあらわれる始末であった。

対山の手紙に

「京地は日々大変にて、定めて御承知のことと思います。二十四日は組与力、同心四人斬られました。恐ろしいことです」

とあるのは、九月に尊攘派を逮捕するのに功のあった目明し文吉や京都町奉行所与力、同心が殺されたことを述べているのである。また穏健派と見なされていた知恩院宮家の深尾式部も斬殺された。

陶所は幕府から、公家を懐柔して水戸派の尊攘思想を広める狡知にたけた人間で、三樹三郎以上の悪人であると見なされていたはずなのに、中追放に処されただけで命は助かったため、同志を売ったと噂されていた。それで陶所は名前も退蔵と変えて大坂に潜伏していた。文久三年一月、陶所は土佐藩主山内容堂の藩邸に招かれて、容堂と政治談義に時を過ごした。深夜尼崎の自宅に籠で帰ったところを待ち構えていた尊攘派に斬殺され、その首は難波橋に晒されたのであった

浮丘はこの人は賢く抜け目がないようでいて、案外先のことには思慮が浅かったのではないかと思った。池内陶所の浮丘宛書簡が残っているが、さすがズバ抜けた達筆で、墨色までが艶やかに見える。

文久年間になると曖昧な態度は許されず、尊攘か公武か、その旗色を鮮明にすることが求められていたのである。

浮丘は暗澹とした気持ちで、星巌とならび称された学識高かりし人の不運を嘆いた。

斬殺はまだまだ続き、八月二十日には尊攘派であった本間精一郎が斬殺され、梟首されたことは文人たちを狼狽させた。もう「何があっても文人には詩文の世界がある」などと胸を張っ

ていられなくなっていた。

浪士たちの文人を観る眼を気にし始めたのである。尊攘討幕の立場を鮮明にしなければ、命を狙われることになる。曖昧な態度では浪士に睨まれると思い、寄るとさわると文芸の話よりも、浪士の動向や政治情勢が話題になった。

「文人皆閑なり、文人は大不景気、糊口はできかね候勢い」

「一昨日京には、三、四人も殺され候者これあり」

と、旭荘が手紙に書いている通り、書画会どころではなくなった。

続けて「昔日は文壇の談あり、今は絶えてこれ無し。ただ浪士の事のみ」と旭荘は書いている。

書画展どころか、漢学塾に弟子も集まりにくくなった。しかも才能ある青年は英学や蘭学を学ぼうとする者が増えつつあった。

旭荘は日誌に、眼がほとんど見えなくなったと記しているが、その頃の日誌は口述筆記で弟子に書かせていた。だから年によって筆跡が随分違うのだが、晩年の文久三年は今までの漢字による漢文ではなく、草書体の和文で書かれている。旭荘が見えないと知って草書で書いたのか、書き手がいなくなって、かな文字混じりの和文でよいといったのか、わからない。

ともかく治安の悪い大坂から摂津池田に移るように、弟子たちに勧められての移転であるが、間もなく文久三年八月、五十七歳で池田に没した。

大坂は文人寂寥となった。
文久三年、浮丘は親しき人の多くうしなった心境を詠んだ

此の頃は身にしみてきく
秋ふけて友におくれしからからの声

浮丘は安政三年の上京を最後に京へは赴くことはなくなっていた。

十一　浮丘の人間像

(一)　村役人として、商人として

甘蔗《かんしょ》論

幕末には廻船問屋としての里井家の収入は、ほとんどなかった。詳しい資料はないが、主な収入は地代や金融業、菜種油、肥料、砂糖など商品作物の流通業によるものであったろう。

そこから浮丘が画家や文人のために支出した金子は相当な額にのぼるのではないかと思われる。日根対山への投資、斎藤楽亭への援助、大国隆正への謝礼や寄付のほかに、京坂在住の文人画家らとの交流に要した交際費を考えると相当の額になろうというものである。加えて尊攘派の人たちからも寄付を請われている。文人、画家や尊攘派のなかには泉州の浮丘さんに頼めば、何とかなるだろうと考えて、やってくる人が多いようである。

先代の遺産を食いつぶさないでおくには、商品作物の加工業や問屋業以外に商売が必要なのではないだろうか。稼業に必要な金子は、帳簿にもつけて堂々と遣えるが、画家への援助金や文人たちとの交際費は一家の主人として明確に区別するべきものであった筈である。

楽亭や対山に依頼して、自慢の所蔵書画を売りに出したのは、

「死後のことを考えると、書画のわかる人のもとに置くのが処を得たことになり、また子孫に書画を保存する義務を課するのは、自分として望むものではない」

と日頃からいっていた通りにしたと思われるが、書画の売買は収入を得るためでもあったかと推測されるのである。

文化年間のまだ浮丘が十歳代の少年期に、すでに佐野湊村は製油業の中心であった。大坂問屋に出荷する場合の統制はあったが、里井家は綿実や菜種を搾油した油販売の株を持っている問屋であった。

また資料に見える里井家は天保二年、干鰯屋仲間申合書連印帳に平松九左衛門とともに新屋治左衛門が記載されている。干鰯や菜種油は当時の代表的な商品作物である。

砂糖の原料である甘蔗の栽培は、江戸中期以降各地に広がったが、泉州には安永三年（一七七四）西鳥取村の古家勘次郎が和歌山から苗を移植したのが始まりといわれている。甘蔗は根が深いので旱魃に比較的強いとされた。岸和田藩では重要作物として保護したが、本田畑に栽培されると、米作が減るので、甘蔗の栽培地の統制はきびしかった。

甘蔗栽培のひろまりによって製糖業がおこるのは当然であるが、里井家は製糖業にも手を広

げていた。甘蔗は一般にその村で砂糖に精製されるのである。

製法は『泉佐野市史』(旧版)によれば、

「一反甘蔗の茎九百貫から一五〇斤の砂糖を得る。甘蔗を花崗岩で、できたくり車にかけ、牛力で引いて絞る。絞り汁は石灰でアクを抜き、煮詰めて砂糖にする」とある。

湊村庄屋里井治右衛門の「日用録」には、安政三年の砂糖方賃金定が記載されている。これをそのまま書けば、くり揚げ、牛追い、皮むき、火焚きなどの職種が煩雑なので、省くが、製糖まではかなりの手間がかかり、多くの労働力も必要だった。しかし製糖業の利益は米作や野菜類の売り上げと比べて多かった。生産、流通過程は岸和田藩の統制下におかれたが、万延元年には藩の砂糖会所がおかれ管理機構が整備された模様である。

一般商業ルートとしては繰屋から直接回船問屋に送られる場合や仲買人を通じる場合があった。仲買は二十三名で、「仲買人衆御名前」のなかに、平松、食野らと並んで里井治右衛門の名がある。

泉州、特に日根郡は全国有数の砂糖の産地であった。

福島雅蔵氏の研究によると、「近世の和製砂糖は精白糖、白下糖、黒糖、密類と大別されていたが、このうち精白糖は高級菓子類に用いられた。白下糖は庶民層の日常の食物調理、漬物類、駄菓子などに消費されるものであった。泉州の砂糖は白下糖で著名で、全国の四一%を算出していた」とのことである。

安政三年には、江戸積を主とする平松九左衛門などが堺奉行所の諒解を得て、直接江戸積みができるようになったことで、砂糖や菜種油、綿花などの積み出しに競争上の大きな優位を得た。

製糖業は十二月の冬至頃に、甘蔗の葉を刈り取り、皮を剥いだ茎を束にして作業所に運ぶ。ここで牛二頭がひく臼に、甘蔗を差し込んで圧搾、搾汁する、この汁を釜屋で煮詰めるという人手が多くいる家内工業である。

挾芳園の展観例で「十一月から正月までは仕事が、特に忙しいので見学者はお断り」ときめているのは、製糖業が繁忙なためであったのだ。

里井家の家業についての書類といえば、寛政期の干鰯取引の勘定覚や実綿の為替銀受取覚、講の掛銀の受取状などが里井家に残されているが、浮丘の代になって、奉公人の親から娘の給銀請取の覚えや奉公人の請状が多く目立つ。二十歳代男子の奉公人は相当いたもようである。

例えば文政期は十一人、天保三人、嘉永三人、安政七人などであるが、残されている請状以外にもいたであろう。

彼らは手のかかる砂糖製造に従事していたと思われる。

嘉永から安政にかけては、地主は農家からの「買甘蔗」、つまり砂糖製造から出来上がった砂糖を買い上げる流通業の「買砂糖」へと転換した者が多い。他で出来上がった砂糖と一緒に自家の分を混ぜて流通ルートにのせて中間利益を得る方向にかわったのである。それで利益を得た地主は、その利潤を積み立てて土地を増やすことに熱心になっていった。

里井家資料のなかには譲り受けた田地の証文や家屋や質物の差入証文が、かなり残されている。また祖父の代から金融業もおこなっていて、かなりの金額を貸付けているが、浮丘もこれを継いで主に近隣に貸し付けている。なかには大坂商人の借用証もあり、借用証文や土地の譲り渡しに関する書類は夥しく残されているのである。

それから推測すると里井家も製糖業から砂糖の流通業へと転換して、かたわら土地の集積を進めていったと思えるのである。

この過程で、浮丘は『甘蔗論』を著して、その弊害を八か条にわたって説いている。（原漢文）

「和泉は戸口は稠密《ちゆうみつ》（密集）していて土地は狭く、田は余すところがない。食料は各地から運送によって補われている。寡っては政府は甘蔗を栽培することを許さなかった。然るに奸民はお上を欺き田が余っていると嘘をいい、栽培した。ここにその弊害を数え上げてみることにした。

第一の弊、もし不幸にして凶荒に逢えば、甘蔗は飢えを充たすことができようか。万一四方がみなそうなれば、どうして生活を維持できようか。且つ近来洋夷が、しばしば来航して、わが隙をうかがっている。不測のことが起これば庶糖では、兵食供給できないではないか。これは最大の問題である。

第二の弊、甘蔗は二月に栽培して、十一月に収穫する。長い栽培期間に地力は穀物の倍はいる。両三年を経ても地力は元にもどらない。

第三の弊、甘蔗の汁を煮詰めるために薪が夥しく必要で、このために山を荒らす。本州の山林はそう広くない。薪の値は今でも既に三倍もしている。数年後に山は禿山と化すだろう。

第四の弊、甘蔗の田は米作の田よりも、肥料が十倍はいる。それで肥料の値が騰貴する

第五の弊、甘蔗によって得られる利金は、米作より必ずしも多くないのに、馬鹿な民が栽培を喜ぶのは、一時金が入ることで、人々の心を幻惑するのである。それは奢侈の心を誘い、負債を重ねさす事になる。小農は二、三百金、大戸の負債は往々にして千金となる。

第六の弊、農民が狡猾な、甘蔗仲買人を相手にすることで、純朴の風を失い、詐欺の俗に染まる。

第七の弊、農民が蔗糖を大坂に売りに出ることで、都会の弊風に化せられる。花街劇場は鱗の如く連なり耳目の娯しみ、口腹の適うところ、衣食百般みな倣うところである。

第八の弊、甘蔗の栽培は、世界で瑞穂の国とよばれた美しい国土を、さながら蘆荻の洲に変えてしまうのである」

幕府は本田畑に甘蔗を栽培すると、砂糖製造を専一にして、稲作が疎かになり、且つ地力を消耗させるという理由で、文政元年から天保、安政と再三にわたり制限している。岸和田藩も同様のお触れを出し、その売却先もきびしく制限した。これは封建領主として当然のことで本年貢である米がそのために減作となれば、家臣たちの俸禄も大幅に減額せざるを得なくなるのである。したがって浮丘の『甘蔗論』は藩の意向に沿うものであり、甘蔗を栽培し、集める製糖業には、もはや携わっていなかったのである。『甘蔗論』は浮丘の現実的な経世論であるが、やがて里井家は幕末になると砂糖の流通業からも手を引き、金融業や商業中心の活動になったと推測される

情報の収集

浮丘が入手した国内外の情報は、手紙の束になって残されていたが、入出先は江戸の奥家からのものが多い。この奥家を継いだ蘭田は幕府御用掛となり、維新後は政府の財政、会計を援けた。その後も水産業界、製鉄業などの重鎮として活躍し、東京商業会議所の副会頭に選ばれている。また書画の鑑識にもすぐれて、亡くなる六十一歳まで多くの優品を収集した。その鑑識眼が養われたのは、経済力は別にして少年時代に近くにある挾芳園の書画を鑑賞する機会が多かったことが影響していると思われる。

江戸の情報は直接浮丘に送られたものもあるが、京都の山本氏が抄したものを長谷川氏から寄せられて、それを写したものが江戸来状として残されている。

泉州の片田舎の商人が、国際的な情報や国内の重要事件の情報をいち早く入手していることは驚くばかりである。浮丘の強い知識欲が広範な情報収集を可能にしたといえるが、幕末には医師や商人、上層農民にまで、かなりの情報が流れていたことがわかる。

浮丘が書き写したいくつかを、ここにあげると、当時としては、それらは第一級の情報というべきものである。

一は、生麦事件のこと。

「三月六日、江戸来状の写し」は、「薩州の志磨津三郎殿が当地より御出立の節、神奈川にて、英人切り捨て致し云々」と、島津久光を当字で「志摩津」と書いているほかは、所謂文久二年八月の生麦事件の経緯をかなり正確に書き述べたものである。

続いて英人殺傷の償金五十万ポンド、日本金三十万両ほどを差し出すべくきまったことをあげている。

二は、江戸町触れによるコレラの予防法と治療法を丹念に写し取っていること。

三は、清国の咸豊十一年（一八六一）五月の『中外新報』の記事まで写している。この新聞は米国人医師がキリスト教布教のため寧波で発行した華字新聞であるが、幕府は世界情勢を知るため、洋書調所に命じ、宗教記事を削除したうえ句読訓点をつけて発売していた。これを早速購入した奥氏が入手したのを写したのであろう。そこにはアロー戦争で円明園が焼かれ、英仏連合軍の北京占領を経て、北京条約が結ばれたことを報じている。

これを読んで浮丘がどれだけ理解できたかは不明であるが、幕府がこれを世間に公開していたというのは、尚わかりにくいのである。

四は、桜田門外の変や水戸天狗党が筑波山に挙兵した経緯などを報じたものである。

五は、八月十八日の政変後、蛤御門の変で長州藩が敗北したことについて、自分の感想も手短に記している。

「是は元治元年六月のことにて七月十八日に至りて京師大擾乱、長藩の士と（二千人ほど）会津始め京都守衛の士と大戦、洛中数十万の人家二十一日までの間に焦土となる嗚呼」

このような情報の収集は、浮丘に限らず、都市の商工業を営む富裕層が熱心であった。

彼らは情報をいち早く正確に知ることで、変革期における仕事の按配を考え、身の処理を決めたいと思ったのである。

(二) 国学徒として

古事記『兎寸川《とのきがわ》』の考証

古事記にある古跡の顕彰は、国学の広まりとともに流行していたのであるが、浮丘もそれに影響されたのか、自説を述べている。これも簡略に現代文で記すことにするが、本居宣長の説も引き合いに出して、なかなかの勉強ぶりである。

大樹伝説は古代から多いが、『古事記』仁徳記には、(簡略化した現代文で記す) こうある。「兎寸《とのき》川の西に一つの高樹があり、その樹の影は朝日があたれば、淡路島までおよび、夕日にあたれば高安山を越える。この樹を切って船を造ると、軽くて丈夫な船ができたので、枯野《からの》とよび、朝夕に淡路島の寒泉《しみず》を酌んでたてまつったと記されている。そしてこの船が破れた時、その船材で塩を焼き、残った木で琴をつくったところ、その音は七里にまで響いた」

この大樹の伝説を調査するのだが、自身で歩いて考証したわけではない。

浮丘は鈴の屋の翁(本居宣長)や石橋氏の泉州志などによる兎寸《とのき》川の解釈を紹介したあとで、足の達者な地理をよく知った村人に行かせて観察させ、その報告に基づいて研究したらしいのである。

「此の頃水間寺より東北五十丁ばかりのところに内の畑という村があり、最近埋木の出るところがあるという、それで里人を雇って観察に行かせた。内畑村と山口村との間を流れる川筋に古い樹の根があって半ばは石の如く泥土の如くなっている。およそ四方にあらわれた木の根の差し渡しは七、八丁にもあまりある。この川上は牛滝川にて、このあたりでは内の畑川といい、その先は大津村を過ぎて海に入ることになる。鈴の屋の翁の大木村の川、大津に至りて海に入ると古事記伝に記されたのは、人づてにのみききて、この地を見られざりし誤りにて、内の畑のことなり。さて『兔』は『兎』、『寸』は『土』の字の誤りではないだろうか。その大木の影、朝日には淡路島を覆い、夕陽には高間山を隠すという古事記の記述について鈴の屋の翁は、朝夕ともに高間山と淡路島は見られる地と述べているが、この辺りの山の頂に登れば、高間も淡路も、極めてよく見えると思われる。

しかしその山が見えないとしても、その珍しい大木があれば、その地の人は覆うと騒ぎ、高間山に近い人は『わが山』を覆うといい、淡路島の人も同じようにいって、世に広く伝わり、古事記に記されたのではないだろうか。またある人は兔寸《とのき》川は書記にある兔礪川と同じところであるというが、兔礪川は今の鳥取川で、和泉の国内にても西南に偏っているので、この説は間違っている。私のこの試論も異論であるから、諸氏の批判を仰ぎたいと思っている」

となかなか自説も展開しての考証論である。

皇国思想の萌芽

中林竹洞から贈られた『本源論』についての感想を読むと、浮丘が、相当皇国思想に影響されていることがわかるので、部分的であるが紹介することにする。

「本源論に学問を学ぼうとする人が自ら東夷という儒者もあると嘆いておられるのは有難い。天壌無窮《てんじょうむきゅう》の皇統は異国の人でも、貴とき事といっているのに、皇国人はそのようには思わず、ややもすれば唐などの心をひかれるのは不思議である。しかしながら最近はすめ神の道ひらけそめて、今は自ら東夷などという馬鹿はなくなった。そうだから世の中の少し物のわかった人々は、やまと心というものを備えるようになった。ところが遠国の蝦夷《えびす》らは皇国を覬覦《きゆ》せんと、ここかしこに船を寄せて互市を乞い、大江戸の御稜威《みいつ》（威光）をも憚らず船で押しかけ、物を請うのはにくむべきいたりである」

とかなり皇国思想にかぶれた評である。今からみれば神国日本に繋がる思想とか戦前の思想統制を思い出すものであるが、幕末では新しい改革思想であった。外国船が日本を窺い、ロシア船の北方での狼藉、ひいては隣国のアヘン戦争などの知らせを聞くたびに、知識人たちは藩や幕領を越えた危機感を抱き、徐々に横の結びつきが広まっていくのであるが、その国意識の根拠を提供したのが国学であった。君臣の道を説く朱子学などではなく、皇国思想はナショナリズムの芽生えであり、民族心に目覚めるためのイデオロギーでもあったといえようか。

ただ浮丘は「大江戸の御稜威をも憚らず」と述べているところは、まだ幕領の村役人として、幕府の恩顧意識から抜け出せずにいることがうかがえる。

(三) 自由人 浮丘

政論は主張せず、行動に走らず

嘉永年間に米英露の軍艦が来航、彼らの要求に幕府が弱腰であるのを知った草莽、志士らは憤激して、志を同じくする者らと集合し対策を練った。幕府以上の権威を求めて、朝廷がある京都に集まった彼らは、伝手《つて》を求めて天皇側近の公家に働きかけ、尊攘討幕の先駆けになりたいと願う者が多かった。

漢詩人や高名な書画家らは公家と密接な関係があり、彼ら志士たちは、書画家の貫名海屋やその弟子池内陶所、詩人梁川星巌らの住まいに出入りするようになった。

対山が京に居を構えて、海屋や星巌の居所に行くことが多くなると、自然に対山も彼らと交流が繁くなり、上京した浮丘も対山を通じて、頼三樹三郎や藤本鉄石らと知り合い、彼らも挾芳園へ来訪するようになった。

彼らと浮丘が対山の家で、また挾芳園を訪れた時に、どのような話をしたかについては、わからないが、大体の想像はつくのである。

安政年間から尊攘、佐幕の風雲は急を告げ、文久年間になると、京は血腥《ちなまぐさ》い事件が続き、画師や書家を始め、一般町人も芸事にうつつをぬかす空間ではなくなったのである。

その間、浮丘は、頼三樹三郎、僧月性、藤本鉄石らの訪問をうけ、親しく懇談しているのだ。そしてその死をいたましくおもい、彼らを惜しむ詩をつくっている。また『点奴論』という夷敵への論説やいくつもの歌からみても、浮丘は立派な皇国思想の持ち主であったといえる。

それにもかかわらず、彼が行動に踏み切れない理由の一つは、すでに五十歳前後であったこともあろうが、少年の頃より培われてきた漢学、漢詩文による教養も国学一つを信奉することはできなかったようである。また徳川幕府による三百年の平和を恩顧と感じる気持ちが、心のどこかにあったのではないかと思われる。それは夷敵への敵愾心と皇朝の徳を讃える詩歌はあっても、幕府を批判したり、徳川家を誹謗する詩歌はない。天領の村役人であるという自負も心のどこかに潜んでいたと考えられる。

中左近のように「先祖が根来の旗本であった」というような先祖の地位への執着はなく、置かれた自分の位置に満足している人。自己主張も強くなくて、平凡に日々を楽しむ姿が浮ぶのである。

嘉永五年、隆正が楽亭に浮丘を評して「惜しい事には富裕人也。あの学才にて遊民の身なれば、諸侯方へ推薦したき人なり。京、大坂広しといえども、また類無し。学才すぐれたりと雖《いえど》も、謙遜寛恕の人なり」といっているとおり、功名心や野心がなかったのも、行動に走らなかった理由にあげられよう。左近や三樹三郎、鉄石、九方のような慷慨の士ではなく、自分の考えこそ正しいと主張するより他人の語るのに耳を傾ける人であった。したがって浮丘さんに聞いて貰おう、浮丘さんに頼もうとする人が遠路も問わずにやってくるのである。

浮丘と交流浅からぬ筆頭庄屋の中左近は、元紀州根来家の旗本であったという誇りを持っていた。ところがいろいろな経緯から、根来家相続の約束が解消され、郷士取り立ての申請も岸藩に無視された左近は、瑞雲斎と改名して、平田篤胤派の国学に傾倒し、元治元年(一八六四)熊取を出奔して京都へ赴いた。

当時の社会は怨霊を信じている人達が多く、病気、死などの悲苦はもちろんのこと、天変地災でも怨霊の祟りとした。盛彬は怨霊を科学的には、ありえないもとして人々の恐怖心を取り除こうとしたのであるが、中左近は保元の乱に敗れ、讃岐に流された崇徳上皇の怨霊が魑魅《ちみ》魍魎《もうりょう》を引き連れて京を徘徊しているといいだし、その霊を京都に還御すれば、大方の怨霊を鎮めることができると主張したのである。

浮丘は左近が崇徳上皇の還御について、熱狂的に運動する気持ちが理解できなかった。瑞雲斎の崇徳上皇の京都還御の運動は、明治元年、上皇の霊を白峰神社に祀り、瑞雲斎が見つけた上皇の子孫が宮司となったことで実現したかにみえた。しかし瑞雲斎の真の念願であった家格の上昇はなく、神社の御用掛となっただけであった。

新政府は武家政権から流罪にされた上皇の還御を、「王政復古」の象徴として、民衆に印象づけるために、瑞雲斎の運動を利用したのである。

瑞雲斎の怨念は再度燃え上がったらしく、保守的な攘夷派に接近して横井小楠らの開明的な政府高官を狙った暗殺計画にかかわり、捕縛されて終身禁固刑となり、獄死するという悲劇におわった。幕末期の急激な政治的変化による秩序の混乱で、機会に乗じて、家格の上昇や身分の獲得に野心を燃やした人達が失敗した一例である。

浮丘は左近が崇徳上皇還御運動を始める以前は、彼の「双頭蓮詩」の後に題したり、また互いに訪れあって世間話に興じたり、絵画品評をおこなうなど親しかった。時に左近が畿内で幕府が管理している公家領の代官になるかもしれないと話してくれたことはあったが。これほど俄かに激しい行動に出ようとは夢にも思わなかった。中左近が京都に出奔後の噂を聞くにつれ、浮丘は不安に思っていたが、先に浮丘が死んだので、その悲劇的な最後は知らないですんだ。

浮丘と交流のあった岸藩の儒官相馬肇（九方）も中左近と似たような運命をたどった。

嘉永六年二月二十三日、吉田松陰が森田節斎に伴われて、泉州に来た夜、相馬九方を訪ねている。松陰の日録によると「帰りし時は夜巳に丑（午前二時）なり」という記述があるが、翌日二十四日には「晴。相馬来る。是の夜、節斎に従ひて相馬を訪ふ。劇談旦に至り、明くる日の巳(午前十時）を以て帰る」とあるが、三月三日に熊取の中左近家にいくまでは、毎日のように相馬と会っている。相馬は自分のことを「慷慨の士だ」といっているとおり、天下国家を論じると熱して激論になることもあったらしい。相馬も左近も「慷慨の士」であった。

相馬の容貌は弟子であった中林竹渓が描いた肖像画から見ると、総髪に髭を蓄え、着流しの胡坐である。書物を収めたいくつかの木箱を背に、前には煙草盆を置いている。改まった姿ではない。日常の自分を描いてくれといったのであろう。

相馬九方肖像画

相馬は元号が明治になる直前、藩内の内紛と勤皇、佐幕の対立がからむなかで勤皇派の指導者として逮捕され、六角の獄に入れられた。許されて出獄したのは明治三年の十月であった。

浮丘と交流のあった在郷の中左近、相馬九方が尊王派として行動に出たのはかなり遅く明治を目前にした時期ではあるが、共通するところは家格の上昇や自分の功名心から踏み切ったと思われるところがある。

この二人のように浮丘が家郷を脱して京都に赴き、政治運動に走ることはなく、頼三樹三郎や藤本鉄石らの国を想う熱情にも触れ、感動しているのにもかかわらず、彼らと同じ路線に踏み出すことはなかったのである。

政治運動だけでなく、詩や書画を趣味にしても国学を学んでも、上方上層町人の多くがそうであったように、浮丘も商家の業や村役人の勤めを怠ることはなかったのであった。

女性にやさしい家長

先ず、妹千賀が読書を好むようになったのは、浮丘の読書好きの影響をうけたことは確かである。浮丘の日記『行余楽記』に、初めて見える千賀の読書記録は『四書』卒業である。この年浮丘は三十八歳であるから、十五歳下の千賀は二十三歳。当時としては、もう結婚適齢期は過ぎている。妹が縁談嫌いになったのは、「本の虫」になったためなのだろうか。「本の虫」にさせたのは、千賀に次々と読書指導を行う浮丘であったというのは過言であろうか。

千賀に『古今集序』を書き与えるかと思えば、その暮には『五経』を与えて卒業させるという熱心さである。実際十五歳年長の浮丘は、父の遺言もあり父に代わって面倒をみなければという義務感を持っていた。今でいう教育パパの素質十分である。

御殿奉公も千賀の希望にそって、楽亭夫妻に周旋を依頼し、かなって御殿勤めがきまると京にまで出かけて実地に見分している。

浮丘が兄というより父親のような想いで、千賀のことを考えているのは、第五章の書簡に見られる通りである。だがこの父親のような兄は、当時の一般的父親像の範疇には入らない考えの人であった。父親の多くは、縁談嫌いを叱りとばして縁談を押し付け、嫁入りさせたであろう。これは別段非難されることではなく、ごく普通のことであった。むしろ浮丘のような父親がいれば、親戚縁者の顰蹙をかうのがおちである。

御殿に入ってからは、千賀の繰り言に対して、やさしく丁寧な言葉でいい聞かせ、欲しいものを訊いて送ってやり、朋輩との付き合い方にもアドバイスしてやり、最後は辞め時を示唆して帰ってくるようにいい聞かせている。

更に祖父のような山一老人の縁談の勧めに対しては、嫌な場合は断わってよいと告げ、断わり方まで伝授しているのには、現代の甘い父親を連想してしまうのである。

早くに父母を失った妹には甘かったと思われるが、妻みきにも、やさしい。楽亭はじめ浮丘家を訪れた人たちは、妻のみきに一目置おいている風がある。ほとんどの浮丘宛書簡には「おみきさまによろしく」と末尾に記されている。
先妻の子供への妻みきの対応に不満があっても、それは世間一般のよくあることで、故意にみきが為しているわけではない。このことは心情的に無理からぬことであると、自分にいい聞かせながらも辛い気持ちを抑えかねて、千賀に漏らしていることは、すでに述べた通りである。手のかかる息子が旅に出て留守にしている間に、妻に「あんたも、今のうちにお山へ行って休んでおいで」と勧めているのもやさしいではないか。
身内ではない他の女性に対しても、偏見のない眼でみていることがわかる漢詩がある。

〈京都に婦人の馬術を見て〉

玉腕朱唇絶代人
一鞭総馬忽揚塵
斜翻翠袖含情処
別有風流世外春

この詩は『東征紀行』に収められているので、上京する前、京都で滞在中に婦人の馬術を観て作詞したものだと考えられる。ある美しい女性が一鞭あてるや颯爽と袖を翻して駆ける様を感嘆して読んだ詩である。二十三歳の浮丘の青春のみずみずしい感動が顕れている。

封建社会における男性の蔑視や皮肉な視線は全くない。讃嘆に近い感情を素直に表現しているのだ。当時の一般の男性がこれを読めば、「何と風変わりな詩よ」と思うであろう。

㈣　自己の思想を他に強いず、拘《こだわ》らず

当時の女性は、親や年長の親族が選んだ婿と結婚させられるのが一般的であった。女性は結婚して子供を産み育てるのが幸せだと思われていたなかで、浮丘は妹千賀の意思を尊重して、縁談を強いて勧めたり、結婚を強制したりしなかった。妹の幼少時代から、自分が教育をうけた通り、妹の教育を行っている。けして女だから教育は必要ないという考えは少しもなかった。前述したように、千賀宛ての書簡には、愛情のこもった丁寧なことばで説き聞かせ、健康を問い、身の回りの物が不自由していないか、同輩に配る品や食べたい物なども尋ねている。

斎藤楽亭や対山が則《のり》を越えた言動があったため、浮丘から交際を絶たれた時があった。しかし彼らが、その過ちを悔い再び訪れてきたときは、喜んでその付き合いを復活させたのである。相手の過ちを決して許さないという狭量な性格ではなかった。

自分は国学に入門したが、家族に国学を勧めることなく、死後の葬礼は、今まで通りの仏式でよいと遺言している。浮丘は国学徒となり、漢学に偏っていた自己の教養を、日本古来のことばを知った歓びで和歌をつくったり、随筆を書いた。けれど、そのために漢学や仏教を放棄するという姿勢は全くなかった。「跛鼈集」に載せられている晩年の和歌には、「ほとけ」を詠んだものがいくつもある。

儒学、仏教を排斥せず

熱烈な国学者は、儒学は唐の学問であり、皇国の人がわれわれを東夷と呼ぶ国の学問を有り難がって学ぶことがあろうかと、かえりみなくなる者がある。
また仏教は天竺から唐を経て伝わったので、我が国の伝統的宗教ではないと主張して神道を勧める人もでてくる
しかし浮丘は佐野の和歌会の撰者となって、多くの歌を作っているが、漢詩も今までのように作っている。加齢がすすむにつれて、和歌が多くなるが、晩年には漢書の史書を写していることを思えば、漢籍から得た教養は根強かったといわねばならない。
遺言には、自分は国学の徒ではあるが、神道ではない。したがって葬儀は先祖が行ってきたように仏教で執り行ってよいと書いた。国学は宗教ではない、一つの学問であるから家族や周

囲に強制するものではないとの立場である。

大体儒教には神や宗教的信仰が希薄であり、中庸の精神が重視されている。中庸といえばギリシャのアリストテレスを思いだすが、浮丘の人徳は均衡のとれた合理的精神によっていたのではなかろうか。

日頃から自分の価値観を家族や周囲におしつけなかった浮丘は、葬儀も家の伝統を重んじる方向に傾斜したのであった。

十二　なお醒めがたき夢の浮橋

安政六年、浮丘は家督を孝準（重太郎）に譲った。

ところが同年、「嫁の死してのち、骨をみやこにのぼせ、おやのもとへかした」と『跛鼈集』にあり、悲嘆にくれる自分を歌に詠んでいる。嫁とはみきのことであるらしい。

浮丘の「なを」宛書簡に弘化二年十月、みきが二女の三保を産むだことを告げているが、弘化四年十二月の書簡には、みきがまだ常体にもどらないと述べ、続いて正月には本復いたすだろうと記している。

いつ恢復したか不明であるが、その後三女を産んでいるのであるから、何年かは無事に過ごしていたはずである。みきがいつ亡くなったかはわからない。

折角家督を孝準に譲って、自由な時間が持てたとしても、読書を楽しむには寂しさが勝《まさ》ったのではあるまいか。

翌年の万延元年には、楽亭が亡くなり、あの長い独特の嘆き節を書きつらねた手紙は、届かなくなった。思い出せば、あの嘆き節は、飄逸で自己を笑いものにしながら、世相を風刺していたものだった。他の人の書簡はあのように自己をさらけ出すようなことはなかった。

「七十二歳の直前まで絵筆を握って死んだのは、いくさで死んだのと同じではないか」

と楽亭を偲びながら、村役人も辞めることに決心した。

文久二年には庭で右足を挫き、浪速に滞在してしばらく接骨院の療治をうけたが、快方には至らず、杖に縋らなければ歩くのが難しくなった。この頃から「跛鼈」という号を用いるようになった。

この年の前後は、池内陶所、鈴木重胤、藤本鉄石、貫名海屋、広瀬旭荘と知人が続けて亡くなり、詠むうたは寂寥感のあるものが多くなった。

此頃は身にしみてきく秋ふけて
友におくれし　からからの声

そこはかと七十とかくわたりきて
なおさめはてぬ　夢のうき橋

読書を楽しんだ知友たち、武井松庵、平松蓋丘、斎藤楽亭は亡く、師とも想って交わった篠崎小竹や岡田半江、貫名海屋も逝ってしまった。妻にも子にも先立たれて、七十歳近い浮丘は寂しさがつのったが「猶さめはてぬ　夢のうき橋」と詠んだように、漢書に没入するのである。

六十五歳の文久三年五月十九日から『知不足斎叢書《ちぶそくさい》』のなかの『宋遺民録』十五巻を写し始めて七月三日に終わった。

『知不足斎《ちぶそくさい》』とは代々蔵書家で名高いう鮑家《うけ》の鮑廷博《うていはく》の書庫の名である。鮑廷博《うていはく》がその書庫のなかの優れた貴重本一七九種を二七集に分けて、精密な考証、校訂を施して出版した叢書のことを『知不足斎叢書《ちぶそくさい》』というのである。地誌、算額、金石にも広い知識を有していたが、視野も広く、心の寛い人であったという。

清の乾隆帝《けんりゅう》が杭州に巡幸したとき、詩文を献じたので、褒賞を得た。鮑廷博《うていはく》は稀にみる読書家で経史、史学は無論の事、道光年間に続刊して三十集にしたという叢書である。

浮丘はこの鮑廷博《うていはく》ほどではないが、自分の蔵書を整理して「浮丘叢書」などと名付けて、子孫代々継承していれば、日本における彼の申し子のごとき存在になったのではなかろうか。

『宋遺民録』は明の程敏政が選したもので、宋の遺民の記録である。王鼎翁、謝皐羽、唐玉など八人の伝記と詩文を集めたものである。

明治時代に井上毅も写本しているが未完である。

その十五巻を写しおわったというのであるから、視力も衰えず読書力も旺盛だった。写本をする人は心をこめて書いたので、文字のきれいな写本は高値で売れた。

横文字やかな混じりの日本語の書物に比べて、漢字ばかりがぎっしり詰まった本を読むのは眼が疲れること数倍である。

晩年になってからも、夢の浮橋にたたずみながら、読みたかった漢書を傍に置いて、自在に読める日々を楽しんだのである。まとまった時間を得たことで、まだ未読の中国史を読むことを好んだのであった。

漢字は眼によくなくても好きな書物を読みたいのである。ひらがなの多い和語だと辛気臭い。形容詞や決まり文句が多くて、漢字五字ですむ文でも和語にすれば、その二倍はいる。祝詞のようないい回しも漢文に慣れた頭は、くらげのように感ずるのであった。

翌年の元治元年春にも晋書百三十巻の手写を始め、九月に終わらせた。更に十一月には唐書を読み始めた。東夷と中国史書に書かれたからといって、漢書を遠ざける人ではなかった。

漢文は古代から東アジアのラテン語であったのだ。

日本では独自の訓読、つまり返り点をつかい、原文にない助詞や動詞を送り仮名として使って日本語になおして読んだのである。誰が発明したのか不明であるが、天才的だと思う。

晩年の浮丘は東夷といわれても、文化が低い日本では文字は中国から教えてもらったのだから仕方がない、と思うのであった。幼少期から漢書で知育をうけてきた浮丘は、和歌はともかく『源氏物語湖月抄』や本居宣長の本などを勧められるままに読んでみたが、長続きしなかった。
春には、灘の若林家に嫁いだ次女「三保」を訪うこともできて、うたを詠んでいる。

〈その船の中でのうた〉
あわとのみ波間にみえし淡路島
　手にとるばかりちかづきにけり

〈岡本の梅林をみてのうた〉
めずらしきこの丘中の梅が香を
　衣にしめて家つとにせん

〈むすめが請うままに、しほりに書きたるはうた〉
ことわざはよししげくともいとまあらば
　ふみも見ならん千代のふる道

久しぶりに娘に会いにいく晴ればれした心境が淡路島のうたに顕れている。また梅が香は月ヶ瀬でも匂っていただろうが、娘の家の梅林の香は珍しき貴重なものと感じられたのである。娘に請われて父親らしく、教訓的なうたをしおりに書いて与えた浮丘は幸せいっぱいであったろう。

七くさのいずれはあれどはつ秋の
　小萩にまさる色なかりけり

「三保」は、妻みきが弘化二年に産んだ児である。

だから「三保」が女子を生《な》したことで、浮丘はみきの命を継いできてくれたかのように思い、天が最後の幸せを自分に与えてくれたものと感謝した。

「三保」は歌道にすぐれ、その歌は勅題の予選に入ったという。

慶応二年春「三保」に請われてその子の名を「小萩」とした。

七草のいづれはあれどはつ秋の
　小萩にまさる色なかりけり

しかしその年の梅雨明け頃から食が進まず、胃腸に不快感や疼痛を感じるようになった。集中力もなくなり、読書も続かなくなって臥すことが多くなった。

浮丘宛の書簡は、浮丘の子孫が大切に保存していたので残されているが、浮丘が方々へ出した書簡のほとんどが失われたなかで、浮丘の絶筆と思われる八月十六日付き書簡が残されているのは、大変僥倖なことである。

書き出しには、風雨で対山宅が大破したことを案じている数行があるが、それは対山が家屋の修繕に金子を借してほしいと申し込んできたことへの返事のようである。

浮丘はいつものように、額は不明だが、その申込みを承知したと述べている。

そして自分の病状と心境を次のように簡潔に述べた。

「今はもう、少しのぶどうや梨の汁ぐらいしか、のどを通らなくなったので、ぶどう酒の事、仰せ下されたが、もはや何も食べ申さず候故、御慈情は忝けなくお礼申します。

今はとて世を秋風に誘われて
　鳥辺の山に雲かへるなり

もはや菊花を見ることもできない。五十年余りの時を経て、お名残り惜しく存じます。君はいつまでも御長生、名を天下に輝かしてください。栄名の更なる輝きを祈っています。且つこのような世の中では、心を強く持って、自己の天分をのばしてください。手紙も寝たままなので、もっと書きたくても苦しいので、皆様によろしくお伝えください。ただ精神は元の儘です」

この一通からも浮丘の情誼と品位が窺われる。この日から数日して浮丘は嗣子孝準をよんで「日頃使っていた筆硯を法禅寺境内の桜の樹の下に埋め、その上に石碑を置いてほしい。詩友がここに来て詩文を朗読してもらえれば、喜びはこのうえない」

と遺言した。遺体は崩れて土と化しても、詩魂はここに宿っていたいという念願なのである。中国の文人は筆硯や詩文を埋めて筆塚や文塚とする習慣があった。初代の在日清国外交官黄遵憲が日本を去ろうとする時、自分の詩稿を袋に入れ、穴に収めて、

「詩魂を葬る　墨江（隅田川）のほとりに」

とうたった。桜の好きな遵憲は、死後もいつかここに還ってきたいと望んだのである。

浮丘が詩魂とともにありたいと願ったのは、まさに文人としての魂を持った人というべきであろう。

浮丘が法禅寺を選んだのは、住職の笠峰和尚と詩文を語り、碁盤を囲むなど親交があり、また寺院の周りは、仙郷といえるような森林で囲まれ、その静寂さは湊の町屋にはない環境であった。浮丘はこの環境が好きであった。

この法禅寺は今も熊取駅に近い大久保にある。

私は二〇一四年秋、法禅寺を訪れるためＪＲ熊取駅で下車して駅に隣接した熊取町役場の出張所に入って道を訊くと、「そのようなお寺はない」との返事である。

地図を持ちだして拡げられたので、私は所在地を指で示した。すると「ああ、本当にあるわ」といって線路と平行した広い坂道を登るようにいわれた。

私は坂道を登りながら道に沿った新興の住宅群を眺めて考えた。この辺りは丘陵で森林に覆われていたのではなかろうか。かなり登ったところで左に折れる道があったので、登るのを止めて下っていくと改築されてピカピカの屋根が目立つ立派な禅宗の寺院が見えた。これが法禅寺であった。

庫裡の呼び鈴を押して住職の奥さんに

「筆塚を見せてもらいにきました」と告げる。

「もう文字は何も読めませんけど、どうぞご自由に御覧下さい」

といわれて、近づこうとすると、足が落ち葉の沼のようになった地面に沈むのに驚いた。

奥さんは反対側をふりむいて

「里井さんの記念物は、まだ他にもありますよ」と灯篭や手水鉢などを示された。

なるほど里井という文字は、よく見えるが何時ごろ寄贈されたものかは不明である。

廻り道をして来たことをいって、帰りの道を尋ねると奥さんは苦笑いをして裏門のほうが駅に近いですと教えてもらえた。当時はこの裏門が正門であったと思われる。

裏門からは木々に覆われた薄暗い参道が下の小道に続いていた。浮丘が好んだ山中の静寂さがまだ残っている。

浮丘の筆塚

法禅寺の裏門

線路に沿った直角三角形の一辺を歩き、頂上近くで、他の一辺を下ってきて、帰路は三角形の底辺を歩くことになったのだが、この道を少し歩くと小川にでた。川に沿って歩いていくと往路の半分以下の時間で駅に着いた。

浮丘さんは、この小川に沿った道を歩いて法禅寺に来たのであろうと、懐かしくなって、振り返ったが。お寺の屋根は見えなかった。

浮丘は亡くなるまでに、辞世の和歌をいくつか詠んでいる。

かねてよりわが身を露とみるものを
　何おどろかす秋のゆふ風

残し置く庭の青葉のもみじせば
　我なきあとのかたみとも見よ

入りかたの　峯にも雲の　かからねば
　すずしくおつる　秋の世の月

九月十一日の暁、夢をみながら橋を渡って、ついに泉に還ってしまった。行年六十八歳であった。

いかばかり　世の秋草に　なびかれて
　泉にかへる　人ぞなつかし

この歌と浮丘の後ろ姿は、対山が蝋燭を包んだ紙にかいたものである。

浮丘の後姿（対山の書状「浮丘の死を悼む」より）

対山は酒毒で手が震え、絵筆を執るのが難しくなっていたが、二年後の明治二年三月、浮丘の後を追って逝った。墓は京都の黒谷にあり「対山日根野先生墓」と彫られている。

新政府は太政官と神祇官の下に各省を置き、「祭政一致」のスローガンを掲げ、神道の国教化をはかった。所謂神仏分離令が出されると各地に仏堂、仏像、経巻、仏具などの破壊が始まり、宣教使は大教宣布によって皇祖の尊崇に勤めるように先導した。

この廃仏毀釈には神祇官の権判事となった大国隆正の復古神道思想が影響しているといわれている。

大和の大名といわれる興福寺は、その伽藍や塔頭の多くが失われ、今の奈良公園ほどの広い境内も縮小され、大勢の僧も還俗させられた。

今からみれば、多数の文化財が破壊された恨みがあるが、上からのお達しとはいえ、当時の民衆は寺請制度や寺院への年貢などでの鬱憤もあって破壊行動に走ったといわれる。

浮丘が存命していれば、彼が抱く国学との違和感を持ったことであろう。

今年は里井治右衛門死去から一五〇年になる。里井家のあったところは地図で見ると泉佐野市湊三丁目の光明寺付近であると思われた。念のため里井家の御子孫である和田貞子氏に訊いてみると、やはりその辺りであるとのことであった。

南海本線「泉佐野」駅から商店街を抜けて五分ほど北の方向に歩くと左に「光明寺」があった。孝子街道に沿った湊町会館と隣の駐車場などがその屋敷跡であるが、湊町会館の柵内に「日根対山先生生誕の地」という石碑がある。

里井家の墓地は海に近い湊町の共同墓地にあるというので、行ってみることにした。

江戸時代や明治の墓の表面は長年の風雨や雪で表面が剥げ落ちたり、文字がほとんど読めないものがあり、探すのはかなり困難であったが、里井家の墓が固まっている一隅にあった。

浮丘の兄友三郎の養子になった里井亮平家の墓もあり、里井家の人々がこうして仲良く集まって眠っているのを見て、私は何となく安堵を覚えたのであった。

この辺りは江戸時代には、五、六分もあれば海辺まで行けたであろう。遮るものもないので潮騒も聞こえ、夕日に染まる雲海が眺められたに違いない。

海に向かってしばらく歩くと漁港の標識があり、魚介類の市場もあった。

漁港は埋立地にあり多くの漁船が繋留されている。漁港の裏に倉庫のような建物があって、一階は魚介類などを売る店が並び、二階には魚の天麩羅定食や丼物を食べさせている。

入口で名物「がっちょ」の唐揚げが一盛り三五〇円で売っていた。

「がっちよ」の唐揚げは、この泉州の名物と聞いていたが、見るとほとんどが骨である。「がっちょ」とは通称で、本当の名前は「ねずみごち」といい「こち」の一種である。唐揚げになる前の生前の顔は「ねずみ」に似ている。釣り針のえさに、がっつくので「がっちょ」とよばれたという。

帰路、海岸沿いにある小さな公園のベンチに座って、「がっちょ」を賞味すると、噛めば噛むほど味が出て美味しい。水平線に行き交う雲を眺めながら私は、浮丘さんの詩魂は、あの暗い筆塚でもなく、墓地でもない。それはどこにあるのだろうと思いつつ沖を眺めていると曇っていた空から雨粒が落ちてきた。雨足は私の頬を濡らし民家の屋根を濡らし始めた。

雨は止むことなく降り続き、花が散ったあとの新緑の梢にも降り、苔むした墓石を洗った。すべての詩魂は天地に満ちているように思えた。

「春は自ら往来し、人は送迎す。
愛憎何事ぞ陰晴を別《わか》たん
花を落とすの雨は是花を催すの雨
一様の檐声《たんせい》前後の情」(原漢文)

この詩は頼三樹三郎の七言絶句である。
私はこの詩をよんで、三樹三郎も昌平黌にいた頃とちがい、見聞を広めて国難の何たるかを知り、死を覚悟した人間になったのがうかがえた。この詩は無情というより万物の永遠の流れに、ひと時心を休めた詩ではないかと思うのである。
人はみな自然の中に還り、また生命みちてこの世に再現するのであろう。ひとときの別れを惜しんで人は詩をよむのである、
私は、濡れた髪をハンカチで拭きながら、名物「みず茄子の漬物」を商店街で買うと帰路についた。

おわりに

プロローグに述べているように、若い頃に集めた資料をもとに、やっと泉州の文人里井浮丘を中心に幕末の京坂文化人のことを書き上げることができてとても嬉しい。

私は滋賀県生まれであるが、人生の半ば以上を泉州に過ごした。だから里井浮丘は私の古い友人のように思われるのである。

文中にある会話は、書簡で「誰がこういった、私がこう答えた」などという箇所のいくつかを、現代語に直して使っているが、里井浮丘や周囲の人物を生き生きと描くために、史実を尊重しながら会話を少し脚色した部分があることをお断りしておきたい。

また予期せぬことは文人画について、かなり論及せざるをえなかったことである。

近世、近代の絵画研究家小林忠氏が「その人によって、また時期と場合によって、わがまま勝手に味わえばそれで良いのだろう」とおっしゃっているのに気をよくして、おこがましく自分の見解を述べさせてもらった。絵を語ることは自分のその時の心をも開陳するようで気がひけたが時によって、その見方も変わるので、それでよいことにした。

この著作は資料をたくさん使っているので、それらの資料はできるだけわかりやすく読めるように句読点やルビをうち、煩わしい原文は現代語に直した。

なおこの著作は原資料（近世古文書）を中心に執筆したので、それに関連して各方面でいろいろとお世話になった。

里井家の子孫にあたられる和田貞子氏には、里井家家譜に相当する人物の繋がりなどについて、しばしば御教示と御助言をいただいた。更に和田氏のお許しを得て、「歴史館いずみさの」に委託されているおびただしい里井家文書を閲覧できたことである。約八千点ある資料のなかから五十余を選んで読むことができたが、その際は「歴史館いずみさの」の方々の労を煩わせたこと。同じく岸和田郷土文化室の虎間英喜氏には絵画の撮影に際してお世話になった。

また高校時代の友人で大阪教育大学名誉教授宮下美智子氏には、古文書の解読、解説について、いくどか足を運んでもらったことなど、ここに記して厚くお礼を申し上げる。

関係資料

里井浮丘遺稿抄　泉佐野教育委員会　一九六六
日根対山　同　一九七〇
斎藤楽亭より浮丘宛書簡
野之口（大国）隆正より浮丘宛書簡
日根対山より浮丘宛書簡
岡田半江より浮丘宛書簡
貫名海屋より浮丘宛書簡
池内大学より浮丘宛書簡
浮丘より日根対山宛書簡
快園随筆
跛鼈集
里井家資料　歴史館いずみさの（里井家委託資料）
泉佐野市史　一九五八年
新修泉佐野市史　通史篇　近世　泉佐野市史編纂委員会　二〇〇九
同　資料編　近世　同
熊取町史　熊取町役場　二〇一二
『大国隆正と里井浮丘』　緒方梅歌　雑誌『上方』合本十巻

『日根対山』　相沢正彦　和泉実業新聞　昭和七年五月
『対山雑攷』　冠豊一　近畿出版印刷　一九八八
『大国隆正』『日本思想大系五〇』　岩波書店　一九七三
『相馬九方』木南卓一　アートビジネスセンター　一九七三
『近世日本の書聖　貫名海屋』　堺市博物館　一九九二
『近世の大阪画人』　堺市博物館　一九九二
『木村蒹葭堂のサロン』　中村真一郎　新潮社　二〇〇〇
『頼山陽とその時代』上下　中村真一郎　中公文庫　一九七一
『松本奎堂』　森銑三著作集　人物篇六　中央公論社　一九七一
『篠崎小竹』　木崎愛吉　玉樹安造　一九二四
『日間瑣事備忘』（原漢文）『広瀬旭荘全集』所載　嘉永四年
『山中人饒舌』　田能村竹田　笠間書院　二〇一三
『幕末期泉南製糖業の断面』福島雅蔵　吉川弘文館　一九七六
『天誅組』　大岡昇平　筑摩書房　一九九二
『天誅組の変』　舟久保藍　淡交社　二〇一三
『江戸後期の詩人たち』　富士川英郎　平凡社　二〇一二
『日本の美術23文人画』　平凡社　一九六九
『日本の美術114　池大雅』　至文堂　一九七五
『近世絵画史』　藤岡作太郎　創元社　一九四〇

『南画と写生画』　小学館　一九七一
『幕末文人社会の動向』小堀一正　『大阪の歴史と文化』井上薫編　和泉書院一九九四
『幕末志士の生活』　芳賀登　雄山閣　一九七〇
『発丑遊歴日録』『吉田松陰全集第十巻』　岩波書店　一九三八
『瓔々筆語』野之口隆正　『日本随筆大成』第一期　第九巻　一九八三

北脇《きたわき》 洋子《ようこ》

滋賀県生まれ

一九五四年　大阪市立大学法学部卒業

一九九二年　大阪府立高校退職

主要著書

一九九八年『日本史のなかの世界史』三一書房

一九九九年『棺を蓋いて事定まる』

―高橋是清とその時代―　東洋経済新報社

二〇一四年『明治を彩る光芒』

―浅井忠とその時代―　展望社

幕末泉州の文化サロン

―里井浮丘と京坂文化人―

二〇一六年四月五日　初版第一刷発行

著　者――北脇洋子

発行者――唐澤明義

発行所――株式会社 展望社

郵便番号 一一二―〇〇〇二

東京都文京区小石川三―一―七　エコービル二〇二

電　話――〇三―三八一四―一九九七

FAX――〇三―三八一四―三〇六三

振　替――〇〇一八〇―三―三九六二四八

展望社ホームページ http://tembo-books.jp/

印刷・製本――㈱ティーケー出版印刷

定価はカバーに表示してあります。

落丁本・乱丁本はお取り替えいたします。

ISBN978-4-88546-312-9